DERNIÈRES LIMITES

Toutes les notes de bas de page sont de l'autrice.

16-18, quai de la Loire, 75019 Paris
www.ruedelechiquier.net

ISBN : 978-2-37425-390-9
Dépôt légal : avril 2023

Audrey Boehly

DERNIÈRES LIMITES

Apprendre à vivre dans un monde fini

Avec
Dennis Meadows
et Matthieu Auzanneau,
Philippe Bihouix, Aurélien Boutaud,
Éric Chaumillon, Philippe Cury,
Marc Dufumier, François Gemenne,
Gaël Giraud, Florence Habets,
Sandra Lavorel, Valérie Masson-Delmotte
et Dominique Méda.

Rue de l'échiquier

À mes deux filles
et aux générations futures,
à qui on ne pourra pas dire
qu'on ne savait pas.

PROLOGUE

CINQUANTE ANS APRÈS

Entretien avec Dennis Meadows, professeur émérite de l'université du New Hampshire (États-Unis) et coauteur du rapport *Les Limites à la croissance*[1].

1 Dennis Meadows, Donella Meadows et Jorgen Randers, *Les Limites à la croissance (dans un monde fini)*, édition spéciale 50 ans, Rue de l'échiquier, 2022.

«Il y a assez de ressources encore disponibles
et de technologies sur la planète pour offrir
à tous un niveau de vie décent et une société équitable,
si nous faisons les changements nécessaires.»

Dennis Meadows

L'histoire de ce livre débute avec le rapport Meadows. Un ami me l'a offert il y a quelques années. En tant que journaliste scientifique, je m'intéressais déjà à la question du climat. Mes deux filles avaient alors 7 et 9 ans, et j'étais préoccupée par leur avenir. Il y avait eu la signature de l'Accord de Paris et la publication, la même année, d'un important rapport du Groupe d'experts intergouvernemental sur l'évolution du climat (GIEC). Plusieurs tribunes de scientifiques alertant sur la question avaient fait la une des journaux. À cette époque, j'écrivais régulièrement des articles sur les énergies renouvelables et les technologies «vertes». Ingénieure de formation, ces avancées m'intéressaient et me donnaient espoir que l'on puisse continuer plus ou moins comme avant, grâce à la transition énergétique. Mais en lisant le rapport Meadows, j'ai compris que les choses n'étaient pas si simples. Car, en réalité, le changement climatique n'est que l'une des facettes d'un problème bien plus large.

D'une certaine manière, je le savais déjà. Sécheresses, déforestation, pollution, surpêche... Ces sujets s'enchaînaient déjà dans les médias. Mais pour prendre conscience de la magnitude du problème, de ses causes et de ses conséquences, il me manquait une vision d'ensemble. Or c'était justement l'objectif du rapport *Les Limites à la croissance* publié quelques années avant ma naissance, en 1972, par une équipe du Massachusetts Institute of Technology (MIT) dirigée par le professeur Dennis Meadows. Pour la première fois, des scientifiques étudiaient l'impact global de l'activité humaine sur notre planète. Et leur conclusion était sans appel : poursuivre la croissance économique, indissociable d'une consommation toujours plus grande des ressources planétaires, aboutirait inévitablement à un «crash» au cours du XXIe siècle. Autrement dit, à une diminution brutale des ressources disponibles, s'accompagnant d'une dégradation des conditions de vie et d'un effondrement de la population humaine.

Écrit par l'un des instituts de recherche les plus renommés au monde, traduit en trente-six langues, vendu à plus de 10 millions d'exemplaires, cet ouvrage avait déclenché une véritable déflagration. Comment se faisait-il que je n'en avais jamais entendu parler, ni au cours de mes études, ni à travers mes lectures, ni dans le cadre de mon travail de journaliste, alors même qu'il posait une question fondamentale pour nos sociétés : est-il possible de poursuivre indéfiniment la croissance économique dans un monde aux ressources finies? La lecture de ce rapport a été un choc. Ébranlée, j'ai cherché des réponses à mes questions en interrogeant des experts et des scientifiques, afin de mieux comprendre la situation actuelle et les solutions qui s'offrent à nous. Mon enquête a donné naissance au podcast «Dernières Limites»[2], dont le contenu est retranscrit dans ce livre.

La première personne avec qui j'ai souhaité m'entretenir est Dennis Meadows. Il avait à peine 30 ans lorsqu'il a supervisé ce rapport. Depuis, inlassable lanceur d'alerte, il tente de mobiliser l'opinion afin qu'un véritable débat puisse enfin avoir lieu sur la question de la croissance et de sa compatibilité avec les limites physiques de notre planète.

***Audrey Boehly.* Vous venez de publier une nouvelle édition de votre rapport à l'occasion de ses 50 ans. Comment aviez-vous constitué votre équipe à l'époque?**

Dennis Meadows. J'étais professeur au MIT lorsqu'on m'a demandé de diriger le rapport *Les Limites à la croissance*. J'avais accès à une merveilleuse expertise scientifique, car à Cambridge, Massachusetts, se trouvent quelques-unes des plus grandes universités au monde. J'ai rassemblé une équipe de seize scientifiques originaires de sept pays différents. Par la suite, la plupart d'entre eux sont devenus d'importants professeurs, consultants et directeurs d'institut.

2 podcast.ausha.co/dernieres-limites

Quelle était l'idée initiale de votre rapport ? Quel objectif avez-vous essayé d'atteindre ?

Le projet a débuté en 1968, quand Aurelio Peccei[3] a publié un livre intitulé *The Chasm Ahead*[4]. C'est à ce moment-là qu'est né le Club de Rome[5]. Un professeur du MIT, Jay Forrester, avait compris que les problèmes mondiaux étaient les symptômes d'une planète surchargée, où la population et la croissance économique étaient trop importantes. Notre projet avait pour but de comprendre les causes et les conséquences de la croissance économique d'un point de vue physique.

Quelles ont été vos conclusions en 1972 ?

Il était évident que la croissance physique ne pouvait pas continuer à jamais. C'est comme lorsque vous êtes en voiture : vous savez qu'elle ne peut pas avancer éternellement. Elle doit finir par s'arrêter. Il paraissait certain qu'il y aurait un ralentissement de la croissance. Malheureusement, les délais de réaction de notre système sont longs, de sorte que si vous ne commencez pas à agir avant de voir les problèmes se produire, il est déjà trop tard. C'était d'ailleurs la principale conclusion de notre rapport : si nous n'essayions pas immédiatement de stabiliser le système, il allait dépasser les limites et ensuite décliner.

Dans *Les Limites à la croissance*, vous écrivez que si nous poursuivions une croissance infinie, « le résultat le plus probable serait un déclin assez soudain et incontrôlable de la population et de la capacité industrielle avant la fin du XXIe siècle ». Qu'est-ce qui pourrait déclencher cette situation ?

Dans notre scénario dit « standard[6] », la croissance s'arrête car la capacité de production alimentaire atteint ses limites. Notre rapport

---

3 Industriel italien, fondateur du Club de Rome.

4 Aurelio Peccei, *The Chasm Ahead* [« Le gouffre devant nous »], Macmillan, 1969.

5 Groupe de réflexion réunissant des scientifiques, des économistes, des industriels et des hauts fonctionnaires nationaux et internationaux.

6 Le scénario « standard » prend comme hypothèse que les tendances observées historiquement se poursuivent.

prévoyait que la croissance se poursuivrait probablement encore pendant cinquante ans, ce qui s'est révélé vrai, mais qu'elle cesserait dans les années 2020. Ensuite, les phénomènes physiques se font moins importants : ce sont les facteurs sociaux, politiques et économiques qui deviennent prépondérants. Ces facteurs n'ont pas été étudiés dans notre livre, mais nous les observons à l'œuvre actuellement.

Le monde actuel ressemble-t-il à l'un des scénarios que vous avez modélisés il y a cinquante ans ?

Comme nous l'avions précisé dans notre étude, il est impossible de prédire l'avenir, car des êtres humains sont impliqués; or nous ne pouvons pas prévoir comment ils vont réagir. Nous n'avons pas travaillé sur un, mais sur treize scénarios. Certains étaient séduisants et menaient à la stabilité, à l'équité et à la prospérité. D'autres prévoyaient le dépassement des limites, puis le déclin. En 1972, je ne savais pas quel scénario était le plus probable. Mais cinquante ans plus tard, un certain nombre d'instituts de recherche indépendants et de scientifiques du monde entier ont comparé nos scénarios à ce qu'il s'est produit historiquement. Ils en ont conclu que notre scénario «standard» correspond assez fidèlement à ce qu'il s'est passé jusqu'à présent[7]. En ce sens, nous pourrions dire que le monde d'aujourd'hui ressemble à l'un de nos scénarios. Mais notre modèle était très simplifié et ne distinguait même pas les différents pays. Un peu comme si nous avions regardé les choses avec un télescope plutôt qu'avec un microscope. Par conséquent, il serait faux de dire que c'est exactement ce que nous avions prédit.

Avez-vous été surpris que votre rapport suscite autant d'opposition lors de sa publication ?

Oui, absolument. Les désaccords font partie de la vie quotidienne en science, néanmoins nous ne nous attendions pas à ce que nos découvertes provoquent autant de remous. Ce sont surtout les politiciens

7 Ces études ont notamment été menées par les chercheurs Graham Turner (2012) et Gaya Herrington (2021).

et les économistes – et non les scientifiques – qui ont critiqué notre travail. Je me souviens qu'à l'époque, alors que nous nous apprêtions à publier le rapport, j'ai dit à mon équipe : «Nous devrions prendre une semaine pour traiter les réactions avant de nous remettre au travail.» Cinquante ans plus tard, il apparaît que j'ai finalement passé toute ma vie à gérer les conséquences de ce rapport.

Même si vos travaux sont devenus une référence, ils ne sont pourtant pas connus d'un large public. Pourquoi à votre avis?

La grande majorité de l'humanité ne se soucie pas vraiment de ce genre de choses. Sur plus de 7 milliards d'êtres humains, la plupart souhaitent simplement se lever le matin, nourrir leurs enfants, aller travailler, s'occuper de leur maison et passer du temps avec leurs amis. Les hommes politiques ont aussi une responsabilité. Ces derniers ont besoin de la croissance économique, car ce sont eux qui allouent les ressources, et il n'y en a jamais assez pour tout le monde. Alors plutôt que de traiter cette question, ils nient tout simplement le problème. Ces deux raisons ont empêché l'émergence des questions que nous soulevons dans notre rapport.

Pendant cinquante ans, vous et certains scientifiques et économistes avez alerté sur le fait qu'une croissance illimitée n'était physiquement pas possible dans un monde fini. En tant que témoin de ces cinq décennies, pourquoi pensez-vous que les faits scientifiques ont été si peu entendus?

Les gens veulent avoir des réponses définitives. Parce qu'ils exigent des certitudes, les hommes politiques ont tendance à ignorer tout scientifique sérieux. Prenez par exemple le changement climatique. S'il y a une forte tempête, on demandera : «Est-ce dû au changement climatique?» Un scientifique honnête devrait répondre : «Je n'en suis pas certain.» En disant cela, il perd totalement l'attention de son public.

Et ce, malgré le fait qu'il y ait une forte probabilité que cette tempête soit bien due au changement climatique.

La chose honnête à dire est que cette tempête aurait pu se produire de toute façon, mais qu'on observe une multiplication et une intensification des tempêtes à cause du changement climatique. Le problème est que cette façon de décrire la réalité ne correspond pas à ce que la plupart des gens veulent entendre. Alors ils ont tendance à ne pas en tenir compte.

Les enjeux du changement climatique sont maintenant bien connus, même si nos actions sont loin d'être à la hauteur. Mais le problème plus large des limites planétaires reste pratiquement invisible dans les médias et le débat public. Pourquoi selon vous ?

On a tendance à regarder à proximité et à court terme. Or ces problèmes mondiaux se situent généralement dans un avenir lointain et semblent très éloignés, de sorte qu'ils ne suscitent guère d'intérêt. De plus, les médias ont une capacité d'attention très courte : la durée pendant laquelle un magazine, les journaux ou la télévision se concentrent sur un sujet se compte en jours, ou en semaines. Pour un problème comme le changement climatique, qui va nous accompagner pendant un siècle ou plus, la façon dont fonctionnent les médias n'est tout simplement pas adaptée. En outre, on se focalise souvent sur une seule chose à la fois. Si nous nous concentrons sur le covid ou sur le changement climatique, nous oublions totalement la pollution de l'eau, la surpêche ou l'érosion des sols agricoles. Nous avons donc tendance à perdre de vue l'ensemble de ces problèmes, car il est trop difficile de les garder tous en tête.

Selon vous, quel rôle les scientifiques peuvent-ils jouer en cette période de crise ?

Tout d'abord, ils doivent bien sûr poursuivre leurs recherches. Car si nous ne comprenons pas les problèmes avec lesquels nous sommes aux prises afin de les résoudre, nous ne serons pas en mesure de nous forger une image positive de l'avenir. Et si nous n'avons pas une vision désirable d'un monde sans croissance, nous continuerons à nier sa nécessité, ce qui nous conduira à la catastrophe. Ensuite, les scientifiques devraient se présenter aux élections. Le Congrès américain[8] compte 175 juristes, 5 ingénieurs et 6 scientifiques[9]. Or le droit s'appuie sur le passé pour déterminer ce qu'il faut faire aujourd'hui. Face aux problèmes auxquels nous sommes confrontés – le changement climatique, la prolifération des armes nucléaires, la propagation des virus, etc. –, nous ne pouvons pas tirer d'enseignements du passé. Nous devons regarder vers l'avenir. Le problème restera entier tant que les scientifiques ne se présenteront pas aux élections.

Quels sont les principaux obstacles qui empêchent notre société d'agir ?

Les obstacles sont nombreux. Tout d'abord, l'évolution des êtres humains au cours de centaines de milliers d'années les a conduits à se concentrer sur les problèmes à court terme, et non à long terme. Prenons deux hommes des cavernes faisant face à un tigre. Si l'un d'eux dit : «Courons !», et l'autre : «Réfléchissons plutôt à la philosophie et à la culture de notre société», le premier survit et se reproduit, le second non. Et avec le temps, l'intérêt pour les questions à long terme disparaît. Cela a l'air d'une blague, mais, en réalité, c'est une contrainte très sérieuse pour notre espèce. Un autre obstacle, sur lequel nous pouvons agir, est le pouvoir des intérêts particuliers. Vous et moi regardons la situation actuelle et pensons à tous les problèmes qu'elle cause. Mais de nombreuses personnes et des organisations, comme l'industrie de la défense ou l'industrie pharmaceutique par exemple, se satisfont de l'argent qu'elles gagnent ou du pouvoir politique que la situation leur confère. Ces intérêts particuliers bloquent systématiquement les efforts de changement. Récemment, il y a eu une conférence sur

8 L'équivalent du Parlement français. Il compte 535 membres au total.

9 Cet entretien a été réalisé en février 2022.

le climat[10]. Quand j'ai appris que le lobby le plus représenté était celui de l'industrie des combustibles fossiles, j'ai su que rien de constructif ne s'y produirait. Car les nations exportatrices et les sociétés productrices de pétrole ont toutes un intérêt lucratif très fort dans le maintien du *statu quo*.

Est-il possible de prendre les bonnes décisions en tant qu'individu et en tant que société, si nous n'avons pas accès aux informations pertinentes sur ces enjeux des limites planétaires ?

Bien sûr, la réponse à cette question est non. Mais, en réalité, il ne s'agit pas de prendre la bonne décision. Nous sommes entrés dans un processus qui va se dérouler pendant un siècle ou plus. Et même si nous avons les bonnes informations aujourd'hui, elles pourront être obsolètes ou fausses à l'avenir. Ce qui est vraiment nécessaire, c'est une culture de l'adaptation et de l'apprentissage. La capacité d'observer ce qui se passe, de recueillir les bonnes données, de comprendre ses erreurs et de s'améliorer. Ce n'est donc pas seulement une question d'information, c'est aussi une question d'approche culturelle de la situation.

Le rapport *Les Limites à la croissance* publié en 1972 montrait qu'il était encore temps de changer de cap. Pour la deuxième édition, en 1992[11], vous avez choisi le titre *Beyond the Limits*[12] pour avertir que nous avions déjà franchi de nombreuses limites planétaires. La troisième édition, en 2004[13], constatait que nous étions en train de suivre les pires scénarios. Est-il encore temps de changer de cap ?

---

10 La conférence des Nations unies sur les changements climatiques (COP26) s'est tenue en novembre 2021 à Glasgow, au Royaume-Uni.

11 Donella Meadows, Dennis Meadows et Jorgen Randers, *Beyond the Limits: Confronting Global Collapse, Envisioning a Sustainable Future*, Earthscan Publications Limited, 1992.

12 « Au-delà des limites ».

13 Donella Meadows, Dennis Meadows et Jorgen Randers, *Les Limites à la croissance (dans un monde fini)*, Rue de l'échiquier, 2012.

Bien sûr, car la situation évolue constamment. La vie et notre planète ne sont pas immuables. Que nous le voulions ou non, nous changeons de cap. Il est donc toujours possible de rendre les choses meilleures qu'elles ne l'auraient été autrement. Mais si ce que nous recherchons est un modèle de société à l'image de la société occidentale actuelle, riche, basée sur une consommation d'énergie et de matériaux élevée, c'est un fantasme. Il est trop tard pour apporter ce genre de style de vie à tout le monde, même si cela aurait été quelque chose de souhaitable. Mais il y a assez de ressources encore disponibles et de technologies sur la planète pour offrir à tous un niveau de vie décent et une société équitable, si nous faisons les changements nécessaires.

Quel est votre message à notre génération, qui peut encore agir pour préserver cette planète ?

Nous n'avons pas à préserver la planète, elle se préservera d'elle-même. Elle le fait depuis des millions d'années, et le fera pour les millions d'années à venir. Ce que nous voulons faire, c'est préserver notre société, avec un niveau de vie décent et un accès à la démocratie. Si nous pouvions nous concentrer sur cela plutôt que sur la préservation d'un mode de vie basé sur une demande énergétique forte et sur la surconsommation, les possibilités seraient nombreuses. À chaque instant, chacun d'entre nous dispose de nombreuses options. Certaines d'entre elles rendront la situation meilleure qu'elle ne l'aurait été, et d'autres la rendront pire. Aucune ne préservera la situation actuelle. Mais un certain nombre d'entre elles sont assez désirables. Si je devais recommander quelque chose à la génération actuelle, ce serait d'essayer de comprendre les options réalistes qui s'offrent à nous, de décider ce qui est vraiment important, et de tout faire pour progresser dans cette direction.

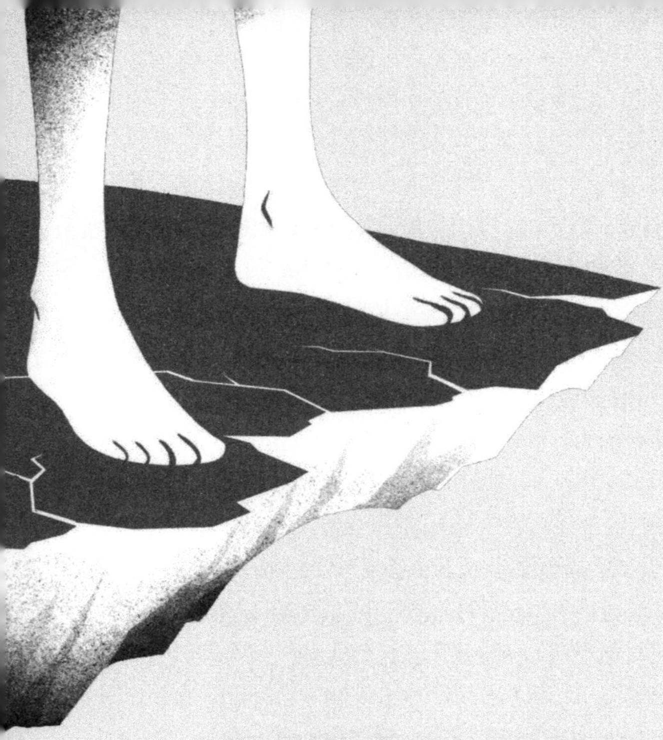

CHAPITRE 1

AU COMMENCEMENT, LE RAPPORT MEADOWS

Entretien avec Gaël Giraud, ancien chef économiste de l'Agence française de développement (AFD), directeur de recherche au CNRS et directeur du programme de justice environnementale de l'université de Georgetown (États-Unis).

«Ce que fait le rapport Meadows,
c'est juste nous rappeler que le monde réel existe,
et que si nous ne nous en occupons pas, nous aurons
un retour de bâton extrêmement sévère.»

Gaël Giraud

Un demi-siècle s'est écoulé depuis la parution du rapport Meadows. Cinquante précieuses années pendant lesquelles la situation s'est aggravée à vitesse grand V. On appelle cette période la « grande accélération ». Depuis 1950, la croissance économique a connu un véritable boom, apportant de nombreux bienfaits comme l'augmentation du niveau de vie ou l'amélioration de l'espérance de vie. Mais trop longtemps, nous n'avons pas voulu voir le revers de la médaille. Car avec la croissance, notre consommation de ressources et notre impact sur les écosystèmes – pollution, déforestation, concentration en CO_2 – ont augmenté de manière exponentielle.

Dans les années 1960 et 1970, en pleine frénésie consumériste des Trente Glorieuses, la société commence à prendre conscience de l'impact des activités humaines sur notre planète. C'est le temps de la naissance des grandes ONG de défense de l'environnement comme Greenpeace, les Amis de la Terre ou le WWF[1]. Mais aussi de la parution de certains ouvrages fondateurs de la pensée écologique, comme *Printemps silencieux*, en 1962, de la biologiste Rachel Carson[2], et de la première candidature écologiste aux élections présidentielles en France, en 1974, celle de René Dumont. Ce n'est donc pas un hasard si c'est à cette époque, en mars 1972, qu'est publié le rapport *Les Limites à la croissance*, issu des travaux d'une équipe du MIT dirigée par Dennis Meadows, et dont la femme, Donella Meadows, est la principale autrice. Que dit ce rapport? Comment ses conclusions ont-elles été accueillies, et sont-elles toujours d'actualité?

***Audrey Boehly.* Depuis une dizaine d'années, vous vous intéressez aux liens entre économie, changement climatique et ressources naturelles. Comment en êtes-vous venu à vous tourner vers ces questions?**

Gaël Giraud. Un moment fondateur pour moi a certainement été mon séjour au Tchad à la fin des années 1990. J'étais alors professeur

1 Fonds mondial pour la nature.

2 Rachel Carson, *Printemps silencieux*, Wildproject, 2002.

de mathématiques et de physique dans un lycée de la petite ville de Sarh. Cette expérience m'a permis de sortir de la bulle dans laquelle nous autres, urbains occidentaux, vivons, qui met beaucoup de distance entre nous et les écosystèmes naturels. Alors qu'au Tchad, les habitants ont une perception quotidienne de la raréfaction de l'eau, de la désertification. Cela a déclenché une prise de conscience très forte de ma part. Ensuite, il m'a fallu bien des années pour concilier cela avec l'économie à laquelle j'ai été formé, qui est incapable d'aborder ce type de questions, d'intégrer dans son paradigme la possibilité que les écosystèmes qui nous entourent soient détruits de manière irréversible et irremplaçable par notre activité.

On a commencé à prendre conscience de cette destruction des écosystèmes par les activités humaines dans les années 1960 et 1970. C'est à ce moment-là qu'a été créé le Club de Rome, qui est à l'origine du rapport Meadows. Quelle est cette organisation ?

Fondamentalement, c'est une émanation de l'OCDE[3]. Ce club est constitué de scientifiques, d'économistes, mais aussi d'hommes d'affaires. Son objectif est de réfléchir aux grands sujets du moment, et il s'est très vite saisi de la question écologique. C'est le Club de Rome qui a commandé le rapport *Les Limites à la croissance* à l'équipe du MIT. Il s'agissait de comprendre la réalité des avertissements lancés par les premières consciences écologiques quant à l'impact de la pollution. À l'époque, seul un petit nombre de personnes commençaient à comprendre le phénomène du changement climatique. Le rapport Meadows mentionne à peine cette question, et prend essentiellement en compte la pollution ainsi que la raréfaction des ressources.

En quoi consistait le travail effectué par cette équipe du MIT ?

Les chercheurs du MIT ont élaboré ce que l'on appelle un système dynamique non linéaire, c'est-à-dire une représentation mathématique

3 Organisation de coopération et de développement économiques.

de l'évolution dans le temps d'un système complexe. Leur modèle compte essentiellement cinq grandes variables agrégées : la population mondiale, la production agricole, la production industrielle, les services rendus à la population[4] et la pollution. Ce modèle est calibré à partir des données historiques recueillies sur la période comprise entre 1900 et 1970. Ensuite, l'équipe a simulé numériquement les trajectoires futures de ce système dynamique en fonction d'une dizaine de scénarios.

La modélisation, utilisée à l'époque par l'équipe du MIT, est un outil auquel les chercheurs ont aujourd'hui quotidiennement recours dans presque tous les domaines, comme l'astrophysique, l'océanographie, la météo ou le climat. Quel en est le principe ?

Ce sont des équations différentielles qui permettent de rendre compte de l'évolution d'un système. Par exemple, vous envoyez un projectile et vous souhaitez savoir où il va atterrir avec précision. Pour cela, vous avez besoin d'écrire un modèle, une équation, et de trouver les paramètres de l'équation qui vont vous permettre de déterminer la trajectoire en fonction de la vitesse du projectile, de l'endroit d'où il part, de la direction dans laquelle il est lancé, etc. Un modèle est une représentation stylisée de la réalité qui permet d'anticiper avec plus ou moins de fiabilité l'évolution d'un système trop complexe pour que l'on puisse simplement s'en remettre à l'intuition.

L'équipe Meadows a travaillé sur une dizaine de scénarios prospectifs. Quelles en sont les conclusions ?

Les deux premiers scénarios concluent à la vraisemblance d'un effondrement de la production industrielle, puis agricole, et enfin de la population au cours du XXIe siècle. Dans le premier scénario, la décroissance forcée débute au cours des années 2020, dans le deuxième, un effondremet brutal s'opère vers les décennies 2050 ou 2060. Dans les deux cas, cela se produit par l'action conjuguée

4 Éducation, santé, etc.

de la raréfaction d'un certain nombre de ressources critiques, comme le pétrole, et de la saturation des puits d'absorption.

Autrement dit, les puits naturels, qui absorbent habituellement une partie de notre pollution, arrivent à saturation et ne peuvent plus jouer ce rôle.

De ce fait, on atteint très vite un plafonnement de la production agricole et industrielle, ainsi que de celle des services à la personne – essentiellement l'éducation et les soins de santé. Par conséquent, le taux de mortalité augmente rapidement et la population se met à décroître.

En quoi consistent les autres scénarios présentés dans le rapport ?

Les autres scénarios essaient d'explorer des solutions, pour éviter la catastrophe.

Dans les deux premiers scénarios, qui postulent une poursuite de la croissance économique, les courbes suivent ce que l'on appelle en mathématiques une croissance exponentielle. Que cela signifie-t-il ?

Pour vous donner une idée, supposons qu'un étang dans votre jardin soit recouvert petit à petit par des nénuphars. Ces derniers empêchent la lumière de pénétrer dans l'eau, ce qui tue la totalité du vivant au fond de l'étang. Disons que toutes les semaines, la surface recouverte par les nénuphars est multipliée par deux. Un jour, vous découvrez qu'un huitième de la surface de l'étang est recouvert. Vous pensez que ce n'est pas bien grave, car il en reste sept huitièmes. Une semaine après, un quart de la surface a disparu sous les nénuphars, la semaine suivante, il n'en reste que la moitié. Et il ne faut qu'une semaine de plus pour que l'étang soit entièrement recouvert. Le passage d'un huitième à la totalité va très vite car la vitesse de recouvrement de l'étang augmente de manière exponentielle. Cela nous trompe car spontanément nous raisonnons avec des croissances linéaires. Nous pensons que si les nénuphars couvrent un huitième de l'étang aujourd'hui, ils n'en couvriront qu'un huitième de plus la semaine prochaine. Mais en réalité, cela va beaucoup plus vite.

Pour résumer, les courbes qui suivent une croissance exponentielle atteignent rapidement un niveau très élevé qui n'est pas soutenable, ce qui provoque un effondrement. Les scénarios un et deux, qui sont suivis d'un effondrement, postulent la poursuite de la croissance comme le souhaitent les classes politiques et économiques. On comprend donc pourquoi la publication du rapport a été une déflagration.

Cela a été comme un coup de tonnerre dans un ciel bleu au sein de la communauté internationale. Le rapport a connu un énorme succès de librairie : une dizaine de millions d'exemplaires ont été vendus. Dans l'équipe Meadows, il y avait avant tout des ingénieurs de formation, mais pas un seul économiste. Il n'y a donc pas une ligne d'économie dans le modèle. C'est la raison pour laquelle beaucoup d'économistes ont jeté ce rapport à la poubelle. Pourtant cette modélisation est, à mon avis, la meilleure façon de traiter ces questions. C'est exactement ce que nous avons fait à l'AFD, et ce que nous continuons à faire à l'université de Georgetown. Mais cette approche est aux antipodes des méthodes de l'écrasante majorité des économistes, qui envisagent un monde complètement à l'équilibre où tout se termine toujours bien, et dans lequel les ressources naturelles n'interviennent pas, ou ne jouent qu'un rôle marginal. Pour vous donner un exemple, certains de mes collègues ont testé le modèle de l'économiste américain William Nordhaus, utilisé pour traiter la question du climat[5]. Ils ont forcé un peu le modèle pour voir comment il réagit lorsqu'on tient compte du fait que le réchauffement climatique peut avoir des conséquences vraiment catastrophiques. Grâce à ce modèle, ils arrivent à simuler des trajectoires présentant une chute de 90% du PIB mondial. À première vue, il semble impossible à l'économie mondiale de s'en remettre. Et pourtant, dans ce modèle, on y parvient ! Pourquoi? Parce que ces

5 Modèle DICE (pour *Dynamic Integrated model of Climate-and the Economy*) publié par William Nordhaus en 1993.

modèles néoclassiques sont construits pour revenir, quoi qu'il arrive, à une situation d'équilibre satisfaisant. Évidemment, à la fois la méthode et la conclusion de l'équipe Meadows heurtent de plein fouet la manière de penser des économistes conventionnels.

William Nordhaus a d'ailleurs été l'un des principaux contradicteurs du rapport Meadows.

Oui, tout à fait. Il a rapidement pris la plume pour expliquer que ce rapport était très mauvais, car il avait négligé l'essentiel, c'est-à-dire le rôle des prix. Avec l'idée que si des ressources devaient se raréfier, leurs prix exploseraient et donneraient les bonnes incitations, soit pour imaginer des substituts, soit pour trouver davantage de ces ressources. Ce sont des explications hors-sol, où l'on estime que ce n'est pas grave si la forêt amazonienne disparaît car nous allons trouver des substituts en dollars, en euros ou en livres sterling pour remplacer les services écologiques qu'elle nous rend. Or, on ne se nourrit pas de dollars, ni d'euros, pas plus qu'on ne les boit. Il faut noter que l'économiste américain Robert Solow, qui a été président de l'American Economic Association, a déclaré en 1973 que les questions soulevées par le rapport Meadows étaient assez intéressantes. Mais dès l'année suivante, le sujet était classé, personne n'en parlait plus. En fait, les conclusions du rapport sont tellement incompatibles avec ce que professent les économistes conventionnels que la simple confrontation des idées est difficile.

C'est pour cette raison, j'imagine, que notre génération a grandi sans entendre parler du rapport Meadows, ni des questions qu'il a soulevées?

Jusqu'à une date récente, les étudiants en économie n'avaient jamais entendu parler du rapport Meadows. J'ai fait le test avec tous mes étudiants. La pensée économique dominante fonctionne comme une mauvaise religion païenne, qui refuse la confrontation avec le monde réel. Ce que fait le rapport Meadows, c'est juste nous rappeler que le monde réel existe, et que si nous ne nous en occupons pas, nous aurons un retour de bâton extrêmement sévère.

Depuis les années 1970, il y a eu deux mises à jour de ce rapport. Et le modèle Meadows a aussi été testé par d'autres chercheurs en 2008, et même en 2020. Ces derniers observent que nous sommes actuellement sur une trajectoire qui correspond à certains scénarios publiés par l'équipe du MIT.

Il est possible de comparer les scénarios prospectifs du rapport avec ce qu'il s'est réellement passé. C'est ce qu'ont fait notamment un physicien australien, Graham Turner et l'une de ses étudiantes à Harvard, Gaya Herrington. Les deux scénarios correspondent très bien avec les données que l'on observe, et malheureusement ce sont les deux qui conduisent à un effondrement.

Vous travaillez vous-même sur un modèle qui s'inspire de celui de l'équipe Meadows, mais qui inclut aussi des variables économiques et climatiques. Parvenez-vous aux mêmes conclusions ?

Oui, effectivement. Le modèle sur lequel nous travaillons est né d'une insatisfaction par rapport à celui de l'équipe Meadows. Car il n'y a pas une ligne d'économie dans ce dernier, et donc il ne nous dit rien sur ce qu'il advient en termes de dette, de chômage, d'inflation, etc. Or ce sont des signaux faibles dont nous avons besoin pour pouvoir prendre des décisions en amont, même s'il est déjà bien tard. De plus, le rapport Meadows n'incluait pas le réchauffement climatique, tout simplement parce qu'à l'époque les données n'étaient pas disponibles. Ce que nous essayons de faire est donc complémentaire du rapport Meadows. Nous avons élaboré un modèle dans lequel interviennent l'économie – chômage, inégalités, croissance, dettes, inflation... – mais aussi le réchauffement climatique. Il intègre l'impact du climat sur l'économie grâce à un modèle climatique élaboré par des climatologues belges et français. Malheureusement, les conclusions que nous obtenons sont assez similaires à celles du rapport Meadows. Si nous ne changeons pas radicalement de trajectoire, des régions entières de la planète vont devenir inhabitables pour l'humanité avant la fin de ce siècle. Le critère que nous avons utilisé est la combinaison de pics de chaleur et d'humidité, qui est létale pour le corps humain. Cela ne dépend pas des calculs des économistes, c'est de la médecine clinique : si vous êtes exposé pendant plus de six heures à une température de 40 °C et à plus de 25 % d'humidité dans l'air, vous mourez. Nous démontrons que dans le cas d'un scénario «*business as usual*», qui se contente de prolonger les tendances actuelles, la totalité de l'Amazonie, une grande partie de l'Amérique centrale, ainsi que du golfe de Guinée, tout le littoral indien sur plusieurs dizaines de kilomètres dans les terres et la quasi-totalité de l'Asie du Sud-Est deviennent inhabitables. Ce qui signifie des migrations colossales.

Dennis Meadows me confiait que son rapport démontre surtout la nécessité de ralentir bien avant d'observer des signes d'instabilité ou d'effondrement, vu les longs délais de réaction du système. En quoi un dépassement des limites planétaires pose un problème plus important que si l'on s'arrête juste à la limite?

C'est ce que j'appelle « le phénomène du coyote ». Vous connaissez ce dessin animé[6]? Dans quasiment chaque épisode, on assiste à la même blague : le coyote court très vite jusqu'au bord d'une falaise, puis la dépasse et continue de mouliner avec les pattes. Tout à coup, il se rend compte qu'il est au-dessus du vide et là, il tombe. « Le phénomène du coyote », ce sont ces quelques secondes pendant lesquelles le personnage reste suspendu en l'air. C'est ce qu'explique Dennis Meadows avec justesse : malheureusement, nous pouvons dépasser un certain nombre de limites planétaires sans que l'effondrement n'apparaisse tout de suite. C'est ce qui trompe certains d'entre nous, qui disent : «Mais où est le problème, puisque nous n'observons pas d'effondrement?» Il faut

6 *Bip Bip et Coyote* est une série de dessins animés américaine créée dans les années 1950 et produite par le studio Warner Bros.

prendre en compte très rapidement certains signaux pour réagir avant qu'il ne soit trop tard. De la même manière, quand vous conduisez une voiture, si vous roulez vers un mur et que vous commencez à freiner deux mètres avant de l'atteindre, il sera trop tard. Il faut freiner bien plus tôt. La difficulté est de trouver les instruments de mesure qui rendent visible la catastrophe et le fait que nous avons déjà franchi un certain nombre de seuils irréversibles. D'une certaine manière, aujourd'hui ce débat n'a plus lieu d'être, puisqu'on voit la catastrophe de nos yeux, avec les inondations en Allemagne et aux Pays-Bas en 2021, les gigantesques incendies en Australie, en Indonésie, en Amazonie, aux États-Unis, et les effondrements de biodiversité un peu partout.

Nous avons fêté les 50 ans du rapport Meadows. Peut-on dire que ce rapport est toujours pleinement d'actualité ?

Il est pleinement d'actualité dans sa méthode et dans ses conclusions. Dans sa méthode tout d'abord. C'est celle que j'applique aujourd'hui dans mes recherches, afin de construire des modèles économiques qui permettent de prendre en compte la non-linéarité de l'économie, les boucles de rétroaction positives ou négatives qui font de celle-ci un système complexe. Il est malheureusement aussi d'actualité dans ses conclusions. En effet, nous continuons à polluer. Regardez le continent de plastique que nous déversons dans les océans, la destruction de la vie dans nos écosystèmes, la disparition des insectes en Europe, des oiseaux aux États-Unis. Et les seuils planétaires que nous franchissons allègrement les uns après les autres. Selon le World Ressources Institute, en 2024, la France pourrait perdre jusqu'à 40% de l'accès à l'eau douce dont elle jouit aujourd'hui. Or nul ne peut survivre sans eau. Évidemment, je continue d'espérer que ceci ne va pas conduire à des effondrements écologiques et sociaux. La dernière vérification en date des scénarios Meadows par Gaya Herrington suggère que la fenêtre qui nous permettrait d'échapper aux deux premiers scénarios est en train de se refermer au cours de cette décennie 2020. C'est maintenant qu'il faut agir !

CHAPITRE 2

PEUT-ON NOURRIR LE MONDE ?

Entretien avec Marc Dufumier, agronome, professeur honoraire à AgroParisTech, où il a dirigé la chaire d'agriculture comparée et de développement agricole, et expert auprès de la Banque mondiale et de l'Organisation des Nations unies pour l'alimentation et l'agriculture (FAO).

«Si l'on veut nourrir de manière correcte
et durable l'humanité, il nous faut promouvoir
une autre forme d'agriculture, radicalement différente
de celle d'aujourd'hui.»

Marc Dufumier

Mon entretien avec l'économiste Gaël Giraud le confirme : nous suivons une trajectoire similaire à celles des pires scénarios modélisés par l'équipe de Dennis Meadows, qui nous mène vers un dépassement des limites planétaires et un effondrement de nos sociétés industrielles. Mais que cela signifie-t-il concrètement? De quels dépassements parle-t-on? Et surtout, comment agir pour éviter ce scénario catastrophe?

Pour essayer de le savoir, commençons notre enquête par l'un des besoins humains les plus fondamentaux : l'alimentation. Si je me fie aux rayons pleins à craquer des supermarchés, il semble que nous n'ayons jamais joui d'une telle abondance. Mais le modèle agricole industriel qui permet une telle abondance pose un certain nombre de questions qu'il est difficile d'ignorer. Les sols sont de moins en moins fertiles, nous disent les scientifiques. Nous déversons des centaines de millions de tonnes d'engrais et de pesticides dans les champs, ce qui contribue à la pollution, au changement climatique et à la disparition des insectes pollinisateurs. Parallèlement, le béton engloutit peu à peu les terres agricoles. Près de chez moi, dans le Val-d'Oise, des centaines d'hectares de terre fertile sont ainsi menacés dans le Triangle de Gonesse par la construction d'une gare et d'une zone d'activité. L'agriculture est aussi touchée par le changement climatique, qui perturbe les saisons et le cycle de l'eau. Tout cela n'est pas nouveau : il y a cinquante ans, le rapport Meadows mettait déjà en garde contre ces menaces. Les rayons des supermarchés seront-ils toujours aussi pleins demain? Pourra-t-on vraiment nourrir 10 milliards d'humains en 2050?

***Audrey Boehly.* Au cours de la seconde moitié du XXe siècle, la production de maïs, de blé et de riz a été multipliée par quatre. Comment a-t-on pu obtenir une augmentation aussi fulgurante?**

Marc Dufumier. Tout d'abord, nous avons étendu les surfaces agricoles aux dépens de zones naturelles. L'extension des surfaces cultivées est surtout liée à l'emploi de nouveaux moyens de production.

Nous sommes passés de la traction animale à l'agriculture motorisée, avec des tracteurs, des moissonneuses-batteuses, etc. Et puis, nous avons aussi accru les rendements à l'hectare grâce à l'utilisation de produits chimiques : les engrais de synthèse et les pesticides.

Si je comprends bien, nous avons dopé nos cultures avec des produits chimiques. Mais est-ce vraiment durable ? Nous allons avoir besoin d'augmenter la production agricole pour faire face à la croissance de la population mondiale. Est-il possible d'accroître encore les rendements grâce à l'utilisation d'engrais et de pesticides ?

On découvre aujourd'hui certaines limites. On observe, notamment dans les pays qui ont accru de façon considérable leurs rendements – les pays industriels comme la France, mais aussi certains pays du Sud, comme la Chine ou le Viêtnam –, qu'au contraire, ceux-ci ont plutôt tendance à plafonner, voire à diminuer. L'emploi de ces intrants chimiques fait donc naître de l'inquiétude. Nous avons peut-être commencé à détruire la fertilité des sols. Ce n'est pas seulement l'humus qui est dégradé, mais aussi les écosystèmes. La principale menace dans certains pays, comme la France, est la surmortalité des pollinisateurs.

Qu'est-ce qui permet la fertilité des sols ?

Maintenir la fertilité des sols, c'est maintenir un sol suffisamment riche en humus, dans lequel la plante extrait les éléments pour se nourrir. L'humus est un savant mélange de carbone issu de la matière organique – comme les feuilles mortes qui tombent à terre –, d'azote et d'éléments minéraux. Ces éléments minéraux proviennent de la roche-mère qui s'altère avec le temps : le grès, le granite, le schiste qui se trouvent dans le sous-sol.

De quelle manière l'agriculture industrielle érode-t-elle cette fertilité ?

Notre agriculture intensive produit beaucoup à l'hectare, mais détruit aussi beaucoup à l'hectare. L'agriculture productiviste est aussi destructiviste. Si on laboure trop fréquemment, on en minéralise l'humus des sols : le carbone qui y est piégé se retrouve oxydé, et retourne à l'état de dioxyde de carbone. Or ce CO_2 est un gaz à effet de serre. Plus le taux d'humus diminue dans un sol, moins ce dernier retient l'eau et les éléments minéraux. Et moins le sol a une stabilité structurale, plus il est sensible à l'érosion. Un excès de travail du sol peut donc contribuer à diminuer sa fertilité. Mais aussi l'emploi de produits chimiques, s'ils participent à détruire la biologie des sols – les vers de terre, les cloportes, les collemboles, etc. Car toute cette vie permet de fabriquer l'humus.

Si l'on ne peut pas compter sur une augmentation des rendements pour nourrir les 2 milliards d'humains supplémentaires en 2050, pourrait-on accroître la surface cultivée pour compenser?

C'est parfaitement possible. Mais ce serait aux dépens d'écosystèmes naturels comme la forêt amazonienne, la forêt congolaise ou celle de Bornéo. La déforestation commence par de l'agriculture sur abattis-brûlis[1]. Le carbone piégé dans cette biomasse va brûler, ce qui émet du CO_2 et augmente l'effet de serre. Détruire la biodiversité et contribuer à accroître le réchauffement climatique ne paraît pas être la bonne chose à faire!

Notre modèle agricole se heurte à d'autres limites, comme celle du changement climatique. Quels pourraient être les effets du dérèglement du climat sur l'agriculture?

Le changement climatique se traduit par une fréquence et une intensité accrues des événements climatiques extrêmes. Préparez-vous à des cyclones, des canicules, des sécheresses, des inondations, des gelées, des grêles plus fréquents, et un climat de plus en plus aléatoire. Dans ce contexte, pour améliorer la résilience des agriculteurs, mieux vaut que ceux-ci ne mettent pas tous leurs œufs dans le

1 La pratique de l'abattis-brûlis consiste à abattre et brûler la forêt d'une parcelle pour la mettre en culture.

même panier. Cela plaide pour une agriculture plus diversifiée, afin de ne pas dépendre d'un seul type de culture. Car le jour où intervient une canicule, une sécheresse ou une inondation, la production est affectée. Mais si l'on cultive aussi d'autres choses, on n'aura pas tout perdu. Il est essentiel de promouvoir des formes d'agriculture diversifiées, résilientes et respectueuses des écosystèmes pour faire face à ce climat de plus en plus chaotique.

Si je comprends bien, la monoculture pratiquée couramment – c'est-à-dire la culture d'une même plante sur des centaines d'hectares – constitue une fragilité face au changement climatique. Certaines études démontrent qu'un climat qui se réchauffe provoquera globalement une baisse des rendements agricoles. À quoi peut-on s'attendre ?

La baisse de rendement attendue est principalement due à l'apparition de champignons pathogènes, d'insectes prédateurs et d'herbes adventices - que je qualifiais, quand j'étais jeune, de « mauvaises herbes ». Si un champignon pathogène apparaît à un endroit et que vous avez 10 000 hectares de la même culture, il faut peu de temps avant que ce dernier contamine l'ensemble de la production. La baisse de rendement attendue est très variable. Dans les pays d'agriculture industrielle, le rendement plafonne, et diminue déjà ces trois ou quatre dernières années. La seconde raison de la baisse des rendements à venir est la fréquence accrue des accidents climatiques. Il est très difficile de donner un chiffre précis, mais il y a vraiment matière à s'inquiéter.

Vous l'avez évoqué, il y a aussi la question des insectes pollinisateurs, comme les abeilles, dont les populations sont en forte baisse. Or deux tiers de nos récoltes dépendent de la pollinisation. L'Organisation des Nations unies parle d'ailleurs du déclin des abeilles comme d'une menace pour la sécurité alimentaire dans le monde. Faut-il s'en alarmer ?

La baisse de rendement observée dans certains pays où l'on pratique l'agriculture industrielle est en partie provoquée par la surmortalité des abeilles domestiques, mais aussi sauvages. Un certain type d'insecticides en particulier suscite des débats. En France, on les appelle les néonicotinoïdes. On les utilise pour enrober la semence de la plante. Quand cette dernière se développe, elle absorbe l'insecticide. La molécule est destinée à tuer l'insecte prédateur. Mais quand l'abeille vient butiner la fleur de la plante, elle aussi est intoxiquée. L'une des principales menaces dans les pays pratiquant l'agriculture industrielle est cette surmortalité des pollinisateurs. Il faut interdire les néonicotinoïdes et d'autres gammes d'insecticides. En France, nous n'avons probablement pas encore atteint une situation irréversible. Mais dans certaines régions aux États-Unis, les producteurs de pommes, de poires ou d'agrumes sont contraints de payer des apiculteurs nomades pour déplacer leurs ruches dans les zones où la pollinisation des arbres fruitiers fait cruellement défaut.

Quand on parle de toxicité des pesticides et des insecticides, on pense aussi à leur impact sur la santé humaine. A-t-on suffisamment de recul aujourd'hui pour connaître leurs effets sanitaires ?

L'emploi de ces produits provoque des pollutions de l'air, de l'eau et des sols. C'est gravissime. Beaucoup d'épandages sont aériens. En principe, c'est interdit en France, mais j'observe qu'on accorde encore des dérogations. La proximité de ces épandages de produits toxiques avec les habitations est trop grande. Il y a aussi le problème de la pollution de l'eau. Dans certaines régions de France, le principal pesticide dans l'eau potable est un désherbant interdit depuis plus de quinze ans! Notre eau du robinet est tout de même potable, mais elle nous coûte cher car elle doit être dépolluée. Il y a aussi la pollution des eaux souterraines par les nitrates.

Pour préciser, les nitrates sont des molécules riches en azote qui proviennent des engrais, mais aussi des déjections des animaux d'élevage, le lisier.

Pour que l'eau du robinet ne contienne pas un taux excessif de nitrates, le traitement nous coûte cher. Les nitrates provoquent aussi des dégâts environnementaux, comme les algues vertes sur le littoral breton, qui proviennent d'un excès d'azote. Et puis il y a des résidus de pesticides et d'insecticides dans notre alimentation. Beaucoup sont des perturbateurs endocriniens. Il s'agit de molécules toxiques qui perturbent le fonctionnement de nos glandes endocrines, dont la thyroïde. La femme enceinte est exposée, et par conséquent le fœtus aussi. L'exposition aux perturbateurs endocriniens à cette période clé provoquera chez le jeune adulte des pathologies que l'on considérait comme des maladies du vieillissement – Alzheimer, Parkinson – ou des cancers qui étaient auparavant tenus pour tardifs : cancer du sein, de la prostate, etc. On prédit à la jeune génération l'apparition de ces maladies une dizaine d'années plus tôt que chez les gens de mon âge.

À terme, il faudra se passer du pétrole et du gaz si l'on veut réduire nos émissions de gaz à effet de serre. Or ces énergies fossiles sont utilisées pour les travaux agricoles, et pour fabriquer les engrais azotés qui accélèrent la croissance des cultures.

Beaucoup de gens pensent que la contribution de l'agriculture au réchauffement climatique, c'est la consommation de carburant pour le tracteur ou la moissonneuse-batteuse. En fait, presque la moitié de la consommation d'énergies fossiles dans l'agriculture est due aux engrais azotés de synthèse, fabriqués en France à partir de gaz russe ou norvégien. Et cela produit beaucoup d'émissions de CO_2. Les engrais azotés de synthèse contribuent aussi à émettre du protoxyde d'azote[2], dont on parle beaucoup moins. Ce protoxyde d'azote

2 Le protoxyde d'azote (N_2O) est un gaz à effet de serre beaucoup plus puissant que le dioxyde de carbone (CO_2) émis par la dégradation des engrais azotés utilisés par l'agriculture industrielle.

est la principale contribution de l'agriculture française et des pays industriels au réchauffement climatique.

Un autre sujet dont on parle peu est l'épuisement du phosphore[3]. C'est un élément nutritif vital pour les plantes, et on en apporte en grandes quantités aux cultures sous forme d'engrais [le phosphate] pour doper les rendements. Risque-t-on d'en manquer?

Effectivement, il y a une grande inquiétude concernant le phosphore. D'ici trois ou quatre décennies, l'exploration et l'exploitation de nouvelles mines de phosphore vont devenir très coûteuses, car elles se raréfient. Il est vraiment nécessaire d'être plus économe en phosphate à l'avenir. Mais les plantes ont besoin de cet élément. Pourra-t-on trouver du phosphore ailleurs que dans les mines? C'est un vrai défi.

Dans le monde, 800 millions de personnes souffrent de la faim, et nous serons 2 milliards de plus sur la planète en 2050. Pourrait-on connaître d'importantes pénuries alimentaires si nous continuons avec ce modèle agricole?

Près de 800 millions de personnes n'ont pas tous les jours leurs 2200 calories, c'est-à-dire l'énergie qu'il nous faut trouver dans notre alimentation. Et 1 milliard d'individus sont susceptibles de souffrir de carences en protéines, en minéraux, en vitamines. Il peut paraître paradoxal qu'autant de gens souffrent de la faim et de la malnutrition, alors qu'il y a pléthore de nourriture sur le marché mondial. Pour nourrir correctement une personne, il faut produire environ 200 kilos de céréales par habitant et par an. Or, la production mondiale annuelle est de 330 kilos d'équivalent céréales par habitant. Nous avons donc 130 kilos d'excédents qui pourraient nourrir les gens. Alors pourquoi ont-ils faim? La réponse est simple : ils manquent de pouvoir d'achat pour acheter une nourriture dont le coût de production n'a pourtant

3 Le phosphore est un élément chimique que l'on trouve principalement dans des mines. Il est transformé en une forme oxydée – le phosphate – utilisée en agriculture comme fertilisant.

jamais cessé de diminuer avec l'industrialisation de l'agriculture. Les personnes qui fréquentent les Restaurants du cœur et les banques alimentaires en France n'ont pas un revenu suffisant. C'est la même chose au Brésil : le paysan qui désherbait a été remplacé par des désherbants comme le glyphosate. Il a ainsi perdu son emploi et ne peut pas se payer le maïs et le soja brésilien qui est acheté par nos usines d'aliments pour le bétail afin de nourrir nos cochons. C'est la même chose dans les pays auxquels nous avons dit : « Puisque votre agriculture manuelle n'est pas compétitive, renoncez à faire des cultures vivrières, spécialisez-vous dans la culture d'exportation du café, du cacao, de la vanille et, avec cet argent-là, vous achèterez ce qui est disponible sur le marché mondial[4]. » Autre cas de figure : les agriculteurs qui travaillent à la main et qui sont concurrencés par nos excédents. Il ne faut pas faire rivaliser sur un même marché mondial des agriculteurs qui travaillent manuellement avec d'autres équipés de moteurs et de drones. C'est scandaleux de vouloir mettre un coureur à pied en concurrence avec un pilote de Formule 1! Sans compter que sur le marché mondial, celui qui perçoit une subvention est le pilote de Formule 1.

Vu les différentes limites physiques que nous avons évoquées, faut-il changer de modèle agricole ?

Soyons clairs. Si l'on emploie davantage d'engrais azotés de synthèse, on contribue au réchauffement climatique. Si l'on utilise des engrais phosphatés, il faut s'attendre à une pénurie de phosphore, ce qui aurait de graves conséquences. Et si l'on persiste à vouloir spécialiser notre agriculture, il y aura davantage de champignons pathogènes, d'insectes prédateurs, d'herbes adventices, et l'on emploiera toujours plus de pesticides et d'insecticides, connus pour être des perturbateurs endocriniens. Si l'on continue avec cette agriculture industrielle, on rasera la forêt amazonienne. Voulons-nous vraiment aller vers un effondrement ?

4 La variabilité des cours mondiaux des matières premières ne permet pas toujours aux agriculteurs de vivre décemment de leur travail.

Malgré le constat assez sombre que nous venons de faire, vous restez optimiste pour l'avenir. Pourquoi ?

J'ai toutes les raisons d'être optimiste sur le fait de pouvoir nourrir 10 milliards d'habitants en 2050, si l'on pratique des techniques inspirées de l'agroécologie. Qu'est-ce que l'agroécologie? C'est une discipline scientifique, une façon de s'inspirer de la nature pour bâtir une agriculture moderne et nourricière, une alimentation équilibrée, riche en éléments nutritifs et sans perturbateurs endocriniens. Pratiquer l'agroécologie, c'est comprendre que l'objet de travail des agriculteurs, ce n'est pas le sol, ce n'est pas la plante ou le troupeau pris séparément, mais c'est un écosystème au sein duquel il y a d'énormes interactions. Pour que l'on puisse produire plus de calories alimentaires et nourrir de façon durable l'humanité, il est nécessaire de mettre en valeur ces écosystèmes en tenant compte aussi du savoir-faire paysan qui a fait ses preuves à travers les siècles. Il ne faut pas opposer l'agroécologie scientifique, qui théorise le fonctionnement des écosystèmes, aux résultats de la recherche empirique paysanne. On peut très bien associer les deux pour promouvoir des formes d'agriculture que je qualifierais de modernes, intensives à l'hectare mais durables et garantissant une alimentation saine. Voilà pourquoi j'ai toutes les raisons d'être optimiste.

Faire de l'agroécologie, en quoi cela consiste-t-il concrètement ?

Les techniques de demain – qui peuvent permettre de produire mieux chez nous et davantage dans les pays déficitaires – sont celles qui favorisent la couverture végétale la plus large et la plus permanente possible. L'objectif est de faire en sorte que pas un rayon de soleil ne touche le sol et que chacun atteigne des feuilles vertes capables de transformer l'énergie solaire en énergie alimentaire par la photosynthèse. C'est possible grâce aux associations végétales. Cette pratique existe déjà dans les pays du Sud, comme au Mexique avec ce qu'on appelle la *milpa* : sous le maïs, vous verrez des haricots, et sous les haricots, une plante rampante, une cucurbitacée comme la pastèque ou la courge. Même en France, on commence à voir des agriculteurs qui sèment de la féverole entre les rangées de blé, ou du lentillon entre les rangées de cameline. Il est aussi possible d'avoir des plantes qui poursuivent leur photosynthèse en toute saison, ou presque. Dans les pays tropicaux, certaines plantes peuvent encore avoir des feuilles en pleine saison sèche. Profitons-en! Recourons à une agriculture intensive, mais avec un usage intensif des rayons du soleil, renouvelables et gratuits, ainsi que du CO_2, pléthorique dans l'air. En faisant de la photosynthèse, la plante va consommer le carbone de l'air sous forme de CO_2 et libérer de l'oxygène. Avec ce carbone, elle va fabriquer des lipides, des glucides, ainsi que des tiges et des racines qui, après récolte, peuvent se décomposer, produire de l'humus, et stocker du carbone dans les sols. Les agriculteurs méritent d'être rémunérés pour séquestrer du carbone, diminuer la teneur en CO_2 de l'air et contribuer *de facto* à l'atténuation du réchauffement climatique.

Comment pourrait-on se passer des engrais azotés, dont l'utilisation accélère le changement climatique?

Utilisons intensément l'azote de l'air! L'agriculture industrielle consomme des énergies fossiles pour fabriquer des engrais azotés, qui émettent un gaz à effet de serre, le protoxyde d'azote. Il faut abandonner cela. Mais existe-t-il une solution de remplacement? La réponse est oui. Et les producteurs du monde entier la connaissent : ce sont des plantes, les légumineuses[5]. Des microbes situés au niveau de leurs racines sont capables d'intercepter l'azote de l'air, de fabriquer grâce à lui les premiers éléments constitutifs des protéines – les acides aminés – et de les transmettre à la légumineuse qui sera ainsi riche en protéines. Non seulement ces protéines végétales sont disponibles pour l'alimentation humaine et animale sans utilisation d'engrais azotés, mais, en plus, ces microbes vont fertiliser le sol en azote pour la

5 Lentilles, haricots, pois, fèves...

betterave, le tournesol, le colza ou la céréale qui seront plantés l'année suivante. Donc oui, nous sommes capables de produire des protéines en utilisant intensément l'azote de l'air, sans avoir recours aux engrais azotés de synthèse.

Y a-t-il d'autres moyens d'enrichir le sol que les engrais ?

Je propose que nous remettions nos animaux « sur la paille » ! Aujourd'hui ils sont élevés sur du béton, ce qui n'est pas du tout idéal en termes de bien-être. Lorsqu'ils urinent, cela produit du lisier qui se mêle aux eaux de surface ou aux eaux souterraines et fertilise les algues vertes sur le littoral breton, par exemple. Si l'on remettait les animaux sur de la paille, l'azote serait piégé par le carbone de la paille. Or un bon dosage entre carbone et azote produit de l'humus. De cette manière, le fumier riche en azote et en phosphore[6] pourrait être utilisé pour fertiliser les sols et non les algues vertes. Autre question : comment récupérer du phosphore? Y en a-t-il ailleurs que dans les mines? La réponse est oui. Il y en a même beaucoup, mais à faible dose, dans la roche-mère – le grès, le granite, le schiste – sur des kilomètres de profondeur et sur toute la planète. Comment aller chercher ces minéraux? Si vous plantez des arbres, leurs racines profondes vont puiser les éléments minéraux en sous-sol. Ceux-ci vont remonter avec la sève et atteindre les feuilles. Et la chute des feuilles enrichit le sol avec ces éléments minéraux qui deviennent accessibles aux racines de sorgho, de mil, de quinoa, de blé, de riz, etc. Mettre des arbres dans nos écosystèmes agricoles est très pertinent à la fois chez nous, mais peut être plus encore dans les pays du Sud, où les sols ont tendance à se dégrader plus rapidement du fait de la chaleur. On a donc des raisons de penser qu'on pourra nourrir dix milliards d'êtres humains avec une agriculture que je qualifie volontiers d'intensive. On ne va pas étendre les surfaces cultivées aux dépens des forêts naturelles, des savanes arborées, mais produire plus en faisant un usage intensif de ce qui est gratuit, renouvelable, pléthorique

6 Ces deux éléments sont contenus dans l'urine des animaux.

et recyclable. Et sans engrais de synthèse, sans pesticides, sans hormones dans le lait, sans antibiotiques dans la viande.

Effectivement, plusieurs études confirment que l'agroécologie permettrait de nourrir la population mondiale en 2050 si on limite le gaspillage alimentaire et la consommation de viande. Les semences actuelles sont standardisées et optimisées pour le modèle agricole industriel. Sont-elles adaptées à un modèle agroécologique ?

En agroécologie, si l'on veut éviter l'invasion d'insectes ravageurs, de champignons pathogènes et d'herbes adventices, il faut pouvoir cultiver des variétés qui tolèrent leur présence. L'idée n'est plus d'utiliser des pesticides et des insecticides pour les éradiquer, mais de vivre avec. Pour cela, il va falloir revenir à des variétés qui ont fait l'objet d'une très longue sélection paysanne. Il fut une époque où les agriculteurs sélectionnaient eux-mêmes leurs semences. En choisissant dans leurs propres champs les plus beaux grains sur le plus bel épi des plus belles plantes, ils sélectionnaient des variétés adaptées à leur environnement. Au contraire, notre agriculture industrielle a mené à la privatisation par les compagnies semencières de graines standardisées à haut potentiel génétique de rendement. Mais elles ne peuvent exprimer leur potentiel que si l'on emploie des pesticides et des insecticides. C'est un modèle dont il faut désormais se passer. Il faudra réhabiliter des semences tolérantes à tous ces agents pathogènes et insectes ravageurs. Même chose pour les animaux : il nous faudra sans doute ressusciter des races plus rustiques, résistant à un certain nombre de maladies.

En plus de nourrir la population humaine, on demande à l'agriculture de répondre à d'autres impératifs. D'abord, à une consommation de viande toujours plus grande. Et puis à la production croissante d'agrocarburants issus des plantes pour alimenter nos voitures, nos camions et nos avions en remplacement des énergies fossiles. Notre agriculture peut-elle répondre à l'ensemble de ces besoins ?

Il faut vraiment s'interroger. L'agriculture est aussi sollicitée pour produire des fibres pour le textile, du bois pour la construction, des plantes médicinales pour la pharmacopée. Effectivement, il est inquiétant de voir qu'on demande de plus en plus à l'agriculture, non pas pour nourrir des gens, mais pour donner à boire à des voitures. On fabrique de l'éthanol, de l'agrodiesel, autrement dit des agrocarburants, pour faire rouler nos voitures ou voler nos avions en substitution d'énergies fossiles. Il y a clairement des choix à faire.

La consommation de viande a presque doublé ces cinquante dernières années et, selon les projections, devrait continuer à augmenter. Pourra-t-on faire face à cette demande ?

De grandes surfaces agricoles sont utilisées pour nourrir les animaux, car il faut entre trois et dix calories végétales pour produire une calorie animale. La bonne nouvelle, dans un certain nombre de pays émergents comme la Chine ou le Viêtnam, est que les personnes qui étaient auparavant végétariennes par manque de pouvoir d'achat consomment davantage de protéines animales. L'augmentation de la demande en production végétale d'ici à 2050 n'est pas seulement due à l'accroissement de la population, mais aussi à la demande croissante de produits animaux et d'agrocarburants. Pour cette raison, il nous faudra sans doute limiter notre consommation de carburant et de viande.

On constate que l'agroécologie nécessite une véritable révolution dans les pratiques. Selon vous, comment faire pour la mettre en place ?

Si l'on veut nourrir de manière correcte et durable l'humanité, il nous faut promouvoir une autre forme d'agriculture, radicalement différente de celle d'aujourd'hui. Il faut le dire : c'est d'une révolution agricole dont il est question. Mais il faudra l'adhésion de l'immense majorité des paysans. Cela ne pourra pas être un Grand Soir. Ce sera une transition agroécologique. On ne pourra l'amorcer et la mettre en œuvre que si l'on met en place des politiques publiques favorables, si l'on est capable d'inciter les agriculteurs à modifier leur système de production, à se tourner vers une agriculture moins spécialisée, plus diversifiée, plus résiliente, plus respectueuse de l'environnement, des pollinisateurs, etc. Les politiques publiques doivent aussi parfois envisager d'interdire. Certains vous diront : «Ah, c'est de l'écologie punitive!» Pourtant, il faudra parvenir à interdire certains pesticides ou insecticides trop dangereux. Mais pour l'essentiel, la transition écologique n'aura lieu que si l'on parvient à inciter les agriculteurs à mettre en œuvre les pratiques inspirées de l'agroécologie et à les dissuader de recourir aux techniques polluantes. Aujourd'hui, les agriculteurs souffrent d'être considérés comme assistés du fait des aides de la politique agricole commune[7] qui leur sont versées. «Ce sont nos impôts qui paient une part importante de vos revenus, et vous contribuez aux algues vertes sur le littoral breton», leur dit-on. Les agriculteurs méritent beaucoup mieux. Ils mériteraient d'être rémunérés pour les services environnementaux qu'ils pourraient rendre. Imaginez qu'on dise aux agriculteurs qu'il existe des techniques permettant de séquestrer du carbone dans le sol, et que cela contribue à l'atténuation du réchauffement climatique. C'est d'intérêt général, le contribuable peut donc payer pour cela. Il se trouve qu'il paye déjà, par le biais de la politique agricole commune. Mais ces aides contribuent pour l'instant à accélérer l'industrialisation de notre agriculture. Si nous rémunérions les agriculteurs pour ces services environnementaux, ils redeviendraient dignes. Leur production évoluerait pour se rapprocher du cahier des charges de l'agriculture biologique. Les bons produits seraient cultivés en plus grand nombre. Et avec l'offre qui s'accroîtrait, les prix diminueraient et deviendraient accessibles aux plus modestes. Tout évoluerait bien plus vite!

7 La politique agricole commune (PAC) a été mise en œuvre en 1962 dans le but d'accroître la productivité de l'agriculture européenne, de garantir la sécurité des approvisionnements et d'assurer des prix raisonnables aux consommateurs en apportant une aide financière aux agriculteurs des États membres.

CHAPITRE 3

DE L'EAU DOUCE POUR TOUS ?

Entretien avec Florence Habets, hydrogéologue et hydroclimatologue, directrice de recherche et professeure attachée à l'École normale supérieure, membre du comité national de l'eau.

«L’eau est un bien commun.
Son usage ne peut pas être décidé uniquement
par quelques-uns, il doit découler
d’un accord collectif.»

Florence Habets

Parmi les risques qui pèsent sur notre agriculture, il y a le manque d'eau, cet or bleu sans lequel rien ne pousse. L'an dernier, j'ai été frappée par les restrictions d'eau qui ont démarré dès le mois d'avril dans certaines régions de France[1]. Les pénuries débutent désormais beaucoup plus tôt dans l'année. Une situation aggravée par les canicules estivales, comme cela a été le cas en 2020. Cette année-là, les trois quarts des départements ont instauré des restrictions, et la moitié d'entre eux ont été placés en niveau de crise. Plusieurs dizaines de collectivités ont dû avoir recours aux camions-citernes pour alimenter la population en eau potable. Un certain nombre de rivières se sont retrouvées à sec, et des opérations de sauvetage ont été organisées pour préserver des populations de poisson menacées. Dans un lac à côté de chez moi, 12 tonnes de poissons ont été retrouvés morts à cause de la température de l'eau, qui avait atteint 28 °C.

Ces pénuries d'eau ont donc un impact non seulement sur l'agriculture, mais aussi sur l'accès à l'eau potable et la biodiversité. Sans compter l'industrie, qui consomme près de 20 % de l'eau douce disponible sur la planète. Les chiffres concernant la ressource en eau sont plutôt inquiétants. Au cours du XXe siècle, les prélèvements d'eau ont augmenté deux fois plus vite que la taille de la population mondiale selon l'Organisation des Nations unies (ONU). Un tiers des êtres humains n'a déjà pas accès à l'eau potable. Et d'ici à trente ans, avec l'accentuation du changement climatique, plus de la moitié de la population mondiale pourrait souffrir de pénuries d'eau. L'eau est-elle une ressource dont nous allons manquer?

***Audrey Boehly.* Peut-on dire qu'aujourd'hui la France fait déjà face à des pénuries d'eau?**

Florence Habets. Oui, effectivement, la France fait face à des pénuries à peu près tous les ans. Il y a toujours au moins une région en crise.

---

1 Ce texte a été écrit en décembre 2021.

Même en 2021, alors que l'été a été relativement humide, certains territoires ont souffert d'un manque d'eau. Et l'on constate que la surface des zones concernées augmente avec le temps.

Concrètement, quels sont les impacts de ces pénuries?

En général, les premiers impacts concernent le milieu aquatique, à la fois la faune et la flore. Comme il y a moins d'eau, sa qualité peut se dégrader. Cela peut aussi affecter les activités humaines qui dépendent de prélèvements d'eau, y compris l'eau potable. C'est l'usage prioritaire, celui que l'on essaie de préserver au mieux. Les restrictions vont donc d'abord toucher l'industrie et l'agriculture. En France, 92% des agriculteurs utilisent uniquement l'eau de pluie. Lors des années sèches, l'impact sur les récoltes, et même sur le bétail, peut donc être important. Quand les sources ou les rivières se tarissent, le bétail ne peut plus boire et l'on est obligé d'apporter de l'eau. Les 8% d'agriculteurs qui irriguent leur production sont quant à eux susceptibles de subir des restrictions d'eau, ce qui se traduit potentiellement par de fortes baisses de rendement.

On en a moins conscience, mais le manque d'eau peut aussi avoir des conséquences sur la production d'énergie. En 2018, par exemple, EDF a dû mettre à l'arrêt ou au ralenti plusieurs réacteurs nucléaires en raison de la sécheresse.

Il faut un débit minimum pour rafraîchir les centrales nucléaires. Lorsqu'on a plusieurs tranches nucléaires sur des fleuves comme la Loire ou le Rhône, il peut effectivement y avoir des enjeux importants. Toutes les formes d'énergie nécessitent de l'eau pour leur production, que ce soit l'hydroélectricité, le nucléaire ou les centrales thermiques qui tournent au pétrole et au gaz. Les seules exceptions sont le solaire et l'éolien.

Dans le cas de l'hydroélectricité, on utilise la force de l'eau pour produire de l'électricité.

Oui, il y a eu de très gros investissements dans les années 1940, 1950 et 1960 pour construire d'énormes barrages hydroélectriques. Ce sont les plus grosses retenues en France, essentiellement situées en montagne. Récemment, il y a une volonté de remettre de l'hydroélectricité sur de petites rivières. Avec des conséquences assez importantes sur la biodiversité, puisque ces barrages barrent, par définition, la rivière et sont un obstacle à la circulation des poissons.

Nous avons aussi besoin d'eau pour fabriquer l'ensemble des produits que l'on consomme. Est-ce, en quelque sorte, une consommation d'eau cachée ?

Il y a en effet une consommation d'eau indirecte pour produire tous nos objets. On peut estimer le volume d'eau nécessaire pour produire une tomate, un bœuf, mais aussi un jean ou même un ordinateur.

Pour donner une idée, il faut environ 10 000 litres d'eau pour produire un jean, 16 000 litres pour 1 kilo de bœuf et plus de 100 000 litres pour la fabrication des composants d'un ordinateur. Pour mieux se rendre compte de notre impact, il est possible d'exprimer notre consommation personnelle sous forme d'empreinte hydrologique. En quoi cela consiste-t-il ?

Cette approche est un peu similaire à celle du bilan carbone. En fonction des produits que l'on achète, on va pouvoir déterminer la quantité d'eau nécessaire à leur fabrication et ainsi calculer notre empreinte hydrologique. Cela permet d'avoir une idée du volume d'eau consommée par habitant en fonction du niveau de vie ou du lieu d'habitation.

En France, nous avons une empreinte hydrologique élevée. Selon un rapport du WWF, elle s'élève à près de 5 000 litres d'eau par jour et par personne, dont un tiers provient de notre consommation

de viande. La moitié de notre empreinte hydrologique est issue de produits importés. Lorsque l'on achète des oranges du Maroc, cela signifie que l'on importe de l'eau d'un pays qui a plutôt tendance à en manquer ?

Nous importons effectivement beaucoup d'eau de régions qui en manquent. Nous achetons par exemple des avocats du Pérou, alors que ce pays connaît de graves problèmes hydriques. C'est une importation d'eau virtuelle, mais aux conséquences importantes. Cela relève plus du commerce international que d'un problème hydrologique, puisque consommer des oranges et des avocats est un choix, pas une obligation. La consommation massive de légumes venus d'Espagne est aussi un problème. Ce pays est beaucoup plus aride que le nôtre, avec une politique d'irrigation agressive menaçant les milieux naturels. Les prix sont bien moins chers du fait d'une certaine organisation socio-économique, avec des travailleurs agricoles sans doute nettement moins payés qu'en France. Par conséquent, les prix sont plus attractifs et nous importons massivement des légumes que nous pourrions produire chez nous. Ce n'est pas uniquement un problème d'eau, c'est un problème socio-économique. Nous pourrions tout à fait réduire notre importation d'eau virtuelle avec des consommations plus locales et en choisissant mieux les variétés que nous cultivons.

Certains chiffres sont assez alarmants. Au total, un tiers de la population mondiale n'a pas accès à l'eau potable, selon l'ONU. Et cela a de graves impacts sur la santé, puisque 3 millions de morts par an sont dus aux maladies infectieuses provoquées par la consommation d'eau non potable. Comment expliquer ces problèmes d'accès à l'eau ?

On parle ici d'accès à une eau potable, c'est-à-dire dont la qualité est compatible avec l'alimentation. Il est possible de consommer l'eau de pluie, une fois qu'elle a été un peu minéralisée. Mais l'eau qui coule dans les sols peut potentiellement être polluée et nécessite des traitements. C'est particulièrement le cas dans les zones urbaines où il n'y a pas de réseau d'assainissement, et où nos rejets, mais aussi les activités industrielles ou agricoles, polluent l'eau. On a beaucoup parlé du chlordécone par exemple, un insecticide massivement utilisé dans les plantations de bananes aux Antilles françaises, même après que l'on a découvert sa dangerosité. Or ce produit est très persistant : il reste longtemps dans les sols et continue donc à polluer l'eau. C'est un problème très sérieux puisque, l'eau souterraine étant polluée, les habitants de ces îles doivent faire face à un manque d'eau potable récurrent.

La pollution de l'eau est parfois aussi due aux engrais, aux lisiers, ainsi qu'à des produits chimiques en provenance de l'industrie. Est-ce un problème de grande ampleur ?

Globalement, nous faisons face à de sérieux problèmes de pollution des eaux. En Europe, une directive-cadre permet à tous les États membres d'évaluer la qualité de l'eau. Nous avons donc des données très fiables sur cette zone. Malheureusement, on observe que très peu de masses d'eau sont en bon état au niveau européen. Les causes principales sont la pollution aux nitrates et aux pesticides. Les nitrates proviennent pour l'essentiel des engrais azotés apportés par les agriculteurs sur les parcelles cultivées. C'est une pollution diffuse, car les apports, pris individuellement, sont minimes. Mais ils ont lieu en continu sur d'immenses superficies. C'est comme le carbone : on émet un petit peu de CO_2, on a donc l'impression que ce n'est pas grave, mais à force cela s'accumule et finit par causer un problème vraiment important. Cela vaut aussi pour les nitrates et les pesticides, qui s'accumulent dans les sols et les nappes phréatiques. Les pesticides peuvent s'adsorber à d'autres molécules dans les sols et mettre longtemps à se diffuser. Ils peuvent aussi se dégrader et générer des métabolites parfois plus dangereux que le pesticide d'origine. L'effet mémoire peut être très long, compromettant ainsi les réserves d'eau souterraine de qualité pour les générations à venir.

On sait que les modifications du climat vont s'accélérer. En quoi ces dérèglements vont-ils modifier la disponibilité en eau douce à la surface de la planète ?

Le changement climatique n'est pas uniquement synonyme de réchauffement. C'est aussi une perturbation de l'ensemble de la circulation atmosphérique globale. En émettant des gaz à effet de serre, nous modifions le bilan énergétique de la planète. La Terre reçoit plus d'énergie et se réchauffe, mais pas de manière uniforme. Les pôles se réchauffent plus vite que l'équateur. Or c'est le différentiel de température d'une zone à l'autre qui pilote la circulation atmosphérique. En modifiant ces paramètres, on modifie aussi la circulation des perturbations météorologiques et la localisation des précipitations.

Normalement, il y a une zone de pluie très intense au niveau de l'équateur, une zone très sèche autour de 30 degrés de latitude, au niveau subtropical, puis une bande de plus hautes latitudes relativement humide, à peu près au niveau de l'Europe. Tout cela va se décaler. La zone sèche subtropicale sera plus large et va remonter vers le nord. Autrement dit, nous allons être touchés par un assèchement dans la zone méditerranéenne. Et puis la bande humide au nord de l'Europe va également se décaler d'autant plus au nord. On va aussi observer une intensification du cycle de l'eau, car il y aura globalement plus d'évaporation, et l'air plus chaud peut porter davantage d'eau – de l'ordre de 7 % de plus par degré de réchauffement planétaire. C'est colossal quand on sait que le réchauffement pourrait aller jusqu'à 4 °C. Par conséquent, les épisodes de pluie intense seront encore plus forts à l'avenir, avec des risques d'inondation importants et une eau pouvant tout détruire sur son passage. Globalement, nous serons donc exposés à la fois à plus de pluie et plus de sécheresses.

Quels sont les impacts à prévoir sur les nappes phréatiques, qui fournissent de l'eau potable à un grand nombre de personnes et servent aussi à l'irrigation ?

Sachant que la distribution de l'eau dans l'espace et dans le temps va être modifiée, cela va forcément affecter toutes les formes de ressources en eau, qu'elles soient en surface ou souterraines. Cela va dépendre énormément de l'endroit où l'on se trouve. Il va y avoir globalement moins d'eau dans le sud de l'Europe et plus au nord. Les périodes de précipitations vont être plus courtes et cela va réduire le temps de recharge des nappes phréatiques. Et les épisodes de pluies très intenses seront très peu bénéfiques pour le milieu naturel et la recharge des nappes.

Oui, car en cas de fortes pluies, l'eau a tendance à ruisseler et ne s'infiltre pas dans le sol.

Tout à fait. Et en ruisselant, elle érode fortement les sols. Vous avez vu les inondations de l'été 2021 en Allemagne ? Quand elle a une telle puissance, l'eau emporte le sol avec sa matière organique, tout ce qui constitue un sol vivant. Il faut vraiment tenter de limiter ce phénomène au maximum, à la fois en émettant moins de gaz à effet de serre, mais aussi en adaptant nos sols pour réduire ces risques de ruissellement.

Quelles régions dans le monde vont être les plus frappées par ces changements ?

Deux zones principales sont concernées dans les projections liées au manque d'eau. Ce sont la région méditerranéenne et la zone Californie-Golfe du Mexique. On a déjà pu observer ces dernières années que ces régions subissaient des sécheresses intenses et longues, avec d'énormes incendies. D'autres territoires vont au contraire être impactés par de trop grandes quantités d'eau, ce qui peut aussi être catastrophique. Certaines moussons pourraient être encore plus abondantes, avec des volumes très importants et des inondations très longues.

On parle d'une réduction de l'accès à l'eau dans des zones fortement peuplées comme l'Inde, le Pakistan, qui sont celles qui devraient aussi connaître la plus forte croissance démographique dans les décennies à venir. L'ONU annonce que la moitié de la population mondiale pourrait souffrir d'un manque d'eau d'ici à trente ans. C'est un chiffre terrible, qui annonce un véritable drame humain.

Il est évident qu'un pays très peuplé comme l'Inde pompe beaucoup trop d'eau dans ses nappes phréatiques, ce qui génère un déficit énorme. Cette gestion de la ressource en eau est non durable. L'Inde est assez typique de ces régions où beaucoup d'eau se déverse en très peu de temps lors de la mousson, puis plus rien, ce qui rend extrêmement difficile l'alimentation des nappes phréatiques. Toutes ces régions font face à un péril très clair.

Il faut aussi s'attendre à des conséquences sur la biodiversité. Moins d'eau, cela veut dire des sols plus secs, des rivières plus chaudes et asséchées à certains moments de l'année. Quelles répercussions cela peut-il avoir sur la faune et la flore ?

On s'attend à ce que le manque d'eau ait de nombreux impacts sur la biodiversité, auxquels il faut ajouter les effets de la pollution. La combinaison de plusieurs facteurs, liés entre eux, aggrave fortement la situation. L'une des causes les plus importantes de la disparition de la biodiversité est la perte d'habitat liée à l'agriculture, ensuite la pollution, et enfin le manque ou l'excès d'eau.

Des déserts pourraient-ils apparaître dans certaines régions, même en Europe ?

Bien sûr. L'Homme a déjà été capable de créer des déserts. Auparavant, la mer d'Aral était un lac, puis elle s'est asséchée pour devenir une zone désertique[2]. Il existe des points de bascule difficile à déceler. Personne n'imaginait que les prélèvements d'eau dans la mer d'Aral allaient conduire à un tel assèchement. C'est l'illustration de l'effet boule de neige. Tout d'abord, il y a eu un peu moins d'eau, puis il a fait plus chaud et cela a provoqué un changement de la circulation atmosphérique qui a accéléré l'assèchement. Ce type de phénomène peut se produire ailleurs, et nous ne sommes pas capables de l'anticiper. Il faut donc être prudent, et humble. Nous avons l'impression que les modifications que nous faisons subir aux écosystèmes sont mineures, qu'elles n'auront pas d'impact. Mais cela change les équilibres naturels. Il y a des zones qui risquent l'assèchement, dans certaines régions d'Espagne par exemple. Il faut vraiment être prudent pour ne pas franchir ces points de bascule.

Avec plus de sécheresses, doit-on aussi s'attendre à davantage de feux de forêt ?

Les feux de forêt sont effectivement beaucoup plus probables lorsque les sols sont secs. Comme les sécheresses sont amenées à être plus longues et plus intenses, les risques sont accrus. La forêt supporte une année de sécheresse, peut-être deux. Mais le taux de mortalité des arbres à la suite de ces épisodes est assez important. Et une fois que l'arbre est mort, il a davantage de chances de brûler. À quoi ressembleront les forêts de demain, comment pourront-elles survivre au changement climatique? C'est une question importante qui se pose dès maintenant, vu la durée de vie d'un arbre.

En France, 45 % de l'eau douce est consommée par l'agriculture, dont 70 % pour l'irrigation[3]. Face à la raréfaction de l'eau, risque-t-on

2 Les Soviétiques décident en 1960 de transformer les steppes désertiques du Kazakhstan et de l'Ouzbékistan en champs de blé et de coton. De nombreux affluents de la mer d'Aral sont détournés pour irriguer ces cultures. Cette exploitation agricole intensive a pratiquement asséché l'un des plus grands lacs du monde en un demi-siècle.

3 www.statistiques.developpement-durable.gouv.fr/leau-en-france-ressource-et-utilisation-synthese-des-connaissances-en-2021

de voir apparaître des tentatives de privatisation au profit de certains intérêts économiques ? En Poitou-Charentes, par exemple, on a commencé à construire des mégabassines, de grandes retenues qui pompent l'eau des nappes phréatiques pour constituer des réserves au profit de certains agriculteurs.

Cela consiste à créer un réservoir, une sorte de lac artificiel à un endroit où il n'y a pas de relief ni de cours d'eau. Pour le remplir, on prélève l'eau dans les nappes et dans les rivières, parfois sur de longues distances, à grand renfort de tuyauterie. L'idée est d'effectuer les prélèvements quand les nappes sont les plus remplies, c'est-à-dire en hiver. Il peut s'agir d'un investissement collectif pour un grand nombre d'agriculteurs, mais parfois, c'est au bénéfice de quelques-uns d'entre eux seulement. Cela pose la question de mobiliser de grandes quantités d'eau pour un usage unique, à savoir l'agriculture.

Selon vous, ce type de retenue est-il une bonne façon de faire face à une ressource en eau de plus en plus réduite ?

En France, on risque de manquer d'eau et pour autant, on a tendance à vouloir en stocker davantage pour l'agriculture. Il y a une contradiction : on va avoir moins d'eau et pourtant on en veut plus. Il est facile de comprendre que cette approche va poser problème. Sachant, encore une fois, que l'irrigation ne concerne qu'un tout petit nombre d'agriculteurs. En réalité, cette approche présente un risque élevé. Quand on parle de sécuriser l'accès à l'eau, cela signifie que l'on essaie de maintenir une agriculture qui n'est pas en adéquation avec le climat local et dont le coût environnemental va être très élevé. Alors qu'il est très certainement possible de promouvoir une autre forme d'agriculture, plus compatible avec la ressource en eau disponible.

Pour faire face à des difficultés d'accès à l'eau, certains pays ont déjà recours à la désalinisation, qui permet de retirer le sel de l'eau de mer pour la rendre potable. À votre avis, est-ce une bonne approche ?

Certains États n'ont pas tellement le choix. Je pense en particulier à des îles très peuplées qui ont peu de ressources en eau de qualité. Il y a néanmoins un certain nombre d'inconvénients. Tout d'abord, cela consomme énormément d'énergie. De plus, ce processus industriel produit beaucoup de sel que l'on extrait de l'eau. Ce dernier est souvent rejeté en mer, ce qui a des effets délétères sur la vie marine. À court terme, si l'on possède suffisamment d'énergie, cela peut paraître une bonne idée. Mais à long terme, cela va créer d'autres problèmes qu'il faut pouvoir anticiper.

Selon vous, quelles solutions pourrait-on mettre en place pour faire face à la diminution à venir de la ressource en eau ?

Il faut qu'on adapte tous nos usages à cette évolution. Avant tout, il faut être capable de produire une alimentation avec des besoins réduits en eau et en irrigation. Cela passe certainement par un sol de meilleure qualité, plus vivant, qui contient de la biodiversité et permet à la fois de mieux retenir l'eau mais aussi d'être plus résilient face aux périodes de pluies intenses en limitant le ruissellement. Pour cela, il faut une végétation pérenne, avec plus de haies et des racines plus profondes. Nous avons aussi besoin d'une agriculture qui préserve la qualité de l'eau. On préconise par exemple la couverture des sols avec des cultures intermédiaires[4] qui piègent les nitrates issus des engrais pour éviter qu'ils n'aillent polluer les eaux.

Vous parliez aussi d'adapter les cultures au climat.

Je ne suis pas agronome, mais il est clair que certaines cultures sont plus adaptées que d'autres et qu'il faut peut-être en changer. Par exemple, on compare souvent les qualités du maïs et du sorgho, ce dernier étant moins gourmand en eau et plus résistant aux fortes chaleurs. Tout miser sur les outils de sélection génétique pour adapter nos cultures serait une erreur et mènerait à un appauvrissement de la

4 Culture réalisée entre la récolte d'une culture principale et le semis suivant.

biodiversité. Il est aussi nécessaire de manger moins de viande et de modifier notre régime alimentaire pour qu'il soit compatible avec ce que nous sommes capables de produire localement.

Concernant l'irrigation, le goutte-à-goutte serait-il plus efficace que les techniques actuelles ?

Les agriculteurs disent souvent que l'on peut produire en consommant moins d'eau grâce à des usages plus efficients, dont fait partie le goutte-à-goutte. Effectivement, cette technique, utilisée dans de nombreux pays, permet de réduire la consommation d'eau. Malheureusement, les études, en particulier celles de la FAO, démontrent que l'on n'augmente pas l'eau disponible pour le milieu naturel avec cette approche. Car en fin de compte, celle-ci permet de maintenir une forme d'agriculture peut-être plus rentable économiquement, mais grande consommatrice d'eau et susceptible de conduire à l'extension des surfaces irriguées. Bilan des courses : on aura investi massivement pour s'équiper d'outils d'irrigation plus performants, mais il n'y aura pas plus d'eau disponible sur un territoire donné.

En ce qui concerne l'industrie et l'énergie, y a-t-il des pistes pour une consommation d'eau plus vertueuse ?

L'industrie a déjà investi pour réduire sa consommation, tout simplement car cela lui permet de faire des économies. Ce secteur provoque parfois des pollutions aquatiques importantes localement, et des efforts sont faits pour les réduire, notamment dans le cadre des différentes lois sur l'eau. Aujourd'hui se développent des systèmes pour mutualiser la consommation de cette ressource. Une première usine utilisant de l'eau pour du refroidissement, par exemple, pourra la transmettre à une deuxième pour un autre usage. Concernant l'énergie hydroélectrique, nous avons de gros équipements en France, et il y a peu de chances que les besoins se réduisent. Cependant, il y a un risque que ces barrages ne se remplissent pas en période de forte sécheresse. Cela a été le cas en 2021 aux États-Unis, où la production hydroélectrique du barrage Hoover a dû être arrêtée, avec des conséquences très importantes, comme des pénuries d'électricité. Il peut aussi y avoir des conflits entre les différents usages de l'eau. Par exemple, en France, dans le plan d'adaptation du bassin Adour-Garonne, on prévoit de libérer une partie de l'eau dédiée à l'hydroélectricité au bénéfice de l'irrigation.

Y a-t-il aussi des pistes d'amélioration quant au recyclage des eaux usées ?

En Europe et en France, nos eaux usées passent par des stations d'épuration et repartent dans le milieu naturel, dans les rivières, et contribuent ainsi au cycle de l'eau. Si vous buvez de l'eau potable issue d'un fleuve par exemple, il y a de fortes chances qu'elle ait déjà été prélevée une ou deux fois. Évidemment, pour les villes situées sur la côte, l'eau sortant des stations d'épuration pourrait servir à d'autres usages plutôt que d'être rejetée en mer. Il est prévu à terme de l'utiliser pour l'irrigation. Une autre piste est celle de l'eau de pluie, qui est très peu valorisée en ville. Nous pourrions la capter et l'utiliser pour remplir les chasses d'eau ou les machines à laver le linge. Jusqu'ici ces applications étaient très réduites car extrêmement contraintes par la loi. Il faut réduire la dépendance au réseau d'eau potable pour des usages qui n'en nécessitent pas forcément.

Y aurait-il aussi des progrès à faire concernant les fuites dans les réseaux d'eau ?

Aujourd'hui, quand un réseau perd 10% de l'eau qui y circule, on considère qu'il est plutôt en bon état. Cela en dit long sur l'ampleur du problème. Effectivement, la réduction des fuites est un objectif important. Il est quand même difficile d'admettre qu'en période de pénurie, on puisse perdre 25% de l'eau dans certains réseaux. Certaines villes ont de gros progrès à faire, mais la plupart ont conscience des efforts à mener et se penchent déjà sur le problème.

De façon assez inéluctable, la quantité d'eau disponible va se réduire dans un certain nombre de régions du monde, dont l'Europe et la France. Cependant, on vient de voir qu'il y a des solutions. Selon vous, se dirige-t-on vers la mise en place d'une gestion plus durable de la ressource en eau?

Nous avons beaucoup de solutions à notre disposition, et de nombreuses initiatives se mettent en place un peu partout. Nous pouvons économiser de l'eau dans nos usages quotidiens et dans l'agriculture. Tout cela permet d'être optimiste. Ce qui rend plus pessimiste, ce sont les politiques actuelles qui ne favorisent pas vraiment les initiatives intéressantes. On l'observe avec la politique agricole commune, qui ne va pas dans le sens de pratiques agricoles compatibles avec une bonne qualité de l'eau. Il reste encore beaucoup de freins économiques, voire politiques. La question que l'on doit se poser est celle des usages de l'eau. Est-ce vraiment nécessaire d'irriguer des vignes? Pour l'instant, il n'y a pas de conséquence, mais demain, s'il y a davantage de pénuries, il faudra se questionner. De l'eau pour quels usages, et avec quels impacts? L'eau est un bien commun. Son usage ne peut pas être décidé uniquement par quelques-uns, il doit découler d'un accord collectif. On peut avoir l'impression que tout va de mal en pis, mais nous avons des opportunités pour faire progresser les choses. Pour ce qui est de l'eau, les perspectives d'amélioration sont nombreuses!

CHAPITRE 4

LA MER DANS NOS FILETS

Entretien avec Philippe Cury, directeur de recherche à l'Institut de recherche pour le développement (IRD), ancien directeur du consortium de recherche européen Euromarine, président du conseil scientifique de l'Institut océanographique de Monaco et spécialiste de l'approche écosystémique des pêches.

«Les ressources marines diminuent
et notre appétit pour les océans, lui,
ne cesse de croître.»

Philippe Cury

J'ai démarré mon enquête par ce que nous mettons dans notre assiette. Cela m'a permis de saisir l'étendue des défis auxquels la production agricole est confrontée : baisse de la fertilité des sols, effondrement des populations de pollinisateurs, diminution de la ressource en eau, dépendance aux engrais très émetteurs de gaz à effet de serre. Si la production agricole venait à baisser dans les prochaines décennies, pourrions-nous mettre plus de produits de la mer dans notre assiette? Personnellement, je ne mange plus beaucoup de poisson depuis qu'une collègue journaliste d'origine bretonne, spécialiste des questions maritimes, m'a confié qu'elle avait cessé d'en consommer car, disait-elle, nous étions en train de vider les océans. Sans compter qu'une fois devant l'étal du poissonnier, je ne sais jamais quelle espèce acheter pour éviter de contribuer à la surpêche.

Mais il n'y a pas que la pêche qui met à mal les océans. Il y a aussi la pollution, avec ce continent de plastique grand comme trois fois la France qui dérive dans le Pacifique. Et le changement climatique, qui bouleverse l'équilibre fragile de cet écosystème. Or plus de 3 milliards de personnes dans le monde dépendent de la mer pour se nourrir. Quel est l'état de nos océans aujourd'hui? Peut-on mettre en place des méthodes de pêche vraiment durables?

***Audrey Boehly.* J'aimerais commencer par une question très concrète : y a-t-il des espèces qu'on peut acheter sans craindre de contribuer à la surpêche lorsqu'on va à la poissonnerie?**

Philippe Cury. Quand on arrive devant l'étal du poissonnier, c'est un peu la confusion. Il y a des poissons de diverses origines, mais aussi du poisson sauvage et du poisson d'élevage. C'est tout à fait différent, car consommer du poisson sauvage est l'équivalent de manger des gazelles, des girafes, ou même des lions. Certains poissons sont de grands prédateurs, comme la morue. Il existe des labels qui peuvent vous indiquer si le poisson est issu de pêche durable ou non durable.

Et puis, il y a des espèces qu'il faut vraiment éviter. En Méditerranée, par exemple, on trouve à peu près 500 espèces, dont 10% sont menacées d'extinction. Une ONG comme Ethic Ocean propose un guide extrêmement bien fait, avec des fiches signalétiques qui indiquent l'état des populations de chaque espèce. Les distributeurs ont aussi un rôle à jouer pour aider le consommateur à acheter de façon plus durable.

En France, mange-t-on principalement du poisson pêché sur nos côtes?

Ce n'est majoritairement pas le cas. Par exemple, 90% des poissons blancs, comme le merlu ou le colin, sont importés des pays du Sud. Ils proviennent, entre autres, des côtes ouest-africaines, mais aussi du Pérou ou du Chili. Pourquoi est-on si dépendant de l'extérieur pour notre approvisionnement en poisson? Tout simplement car nous avons surexploité nos côtes et que nos pêcheries ont dû aller plus loin pour s'approvisionner.

Notre consommation de poisson a-t-elle beaucoup augmenté depuis les années 1950?

On adore le poisson, on l'aime de plus en plus. Dans les années 1950, nous en consommions entre 6 à 9 kilos par habitant, et nous étions 3 milliards sur Terre. Aujourd'hui, nous sommes près de 8 milliards et nous en engloutissons 21 kilos par personne. Les experts de la FAO publient un rapport tous les deux ans pour évaluer cette consommation et s'affolent de cette pression immense sur les ressources marines. La surexploitation gagne d'année en année. Les ressources marines diminuent et notre appétit pour les océans, lui, ne cesse de croître.

J'imagine qu'avec la population mondiale qui continue à augmenter, la consommation de poisson pourrait encore croître à l'avenir.

Les statistiques de la FAO montrent qu'en Asie notamment, les pays qui se sont enrichis augmentent leur consommation de poisson. C'est aussi le cas en Europe. Et cela au détriment d'autres régions, car nous importons beaucoup de poisson. Je travaille pour l'Institut de recherche pour le développement (IRD) et j'étudie notamment ce qui se passe en Afrique. Les projections montrent que la disponibilité en poisson va s'y réduire et que des États comme le Sénégal auront de moins en moins accès à cette ressource, alors même que les solutions de remplacement sont extrêmement limitées, car la viande issue de l'élevage est beaucoup plus chère.

Comment a-t-on fait pour augmenter autant les quantités pêchées depuis cinquante ans ?

Les bateaux sont beaucoup plus sophistiqués, ils possèdent des GPS, des radars, des sonars, des filets nettement plus résistants. Nous avons sollicité toutes nos technologies pour pêcher toujours plus de poissons, et toujours plus vite. Grâce à cela, entre les années 1950 et 1990, les prises sont passées de 25 millions de tonnes à près de 100 millions de tonnes. Mais depuis, on observe un fléchissement, car nous avons altéré les stocks et la productivité des océans. Nous capturons environ 1 million de tonnes de moins chaque année depuis les années 1990. Qu'a-t-on fait pour essayer de compenser ? Après avoir surexploité localement, ce qui a conduit à la disparition de certaines ressources dès le XIXe siècle, nous avons pêché de nouvelles espèces, puis plus profond, et des poissons plus petits. Puis nous avons pêché plus loin. Ce processus a permis de faire croire que notre pêche était durable. Or tel n'était pas le cas. Il va falloir réapprendre ce qu'est la durabilité locale.

Cette pêche industrielle a un impact sur les populations de poissons, mais aussi sur les fonds marins.

La surexploitation, cela veut dire plusieurs choses. C'est d'abord une perte d'abondance des ressources, mais c'est aussi une destruction des habitats et des fonds marins. Nous utilisons beaucoup d'engins de pêche qui détruisent la biodiversité et les habitats. Le chalut est un filet qui racle les fonds marins et capture toutes les espèces présentes. On y retrouve beaucoup de prises accessoires, c'est-à-dire des espèces non ciblées, pas toujours commercialisables, et qui sont finalement rejetées à la mer. Ces chaluts ont un impact colossal sur la biodiversité marine.

Il faut préciser que ces prises accessoires constituent un tiers des volumes de pêche, ce qui est colossal.
Vous avez travaillé dans différents pays, notamment au Sénégal. Avez-vous pu observer là-bas les impacts de la surexploitation des ressources maritimes ?

J'ai commencé ma carrière au Sénégal dans les années 1980. Les pêcheurs sénégalais sont très réputés en Afrique de l'Ouest. Ils ont de très belles pirogues en bois sculpté et peint. Parmi les poissons mythiques là-bas, il y a le *thiof*. C'est un mérou d'à peu près un mètre de long qui migre de façon saisonnière des eaux de la Mauritanie vers celles du Sénégal. Dans les années 1980, vous aviez entre 5 et 80 mérous dans chaque pirogue après une sortie en mer. Et la flotte comptait 3000 pirogues. Aujourd'hui, elle atteint 20000 ou une 30000 pirogues, mais presque plus aucune ne ramène du *thiof*. Cette espèce a quasiment disparu. On en pêche aujourd'hui 50 tonnes par an contre 3000 à 5000 tonnes dans les années 1980. C'est l'un des effets de la surexploitation : l'espèce n'a pas réussi à se régénérer. Pour les Sénégalais, il s'agit d'un enjeu de sécurité alimentaire. Pour compenser, la sardinelle[1] est passée de 20 % à 80 % du volume pêché. Tous les beaux poissons, les mérous, les courbines, etc., ayant disparu, on s'est reporté sur des espèces qui ont moins de valeur, se reproduisent davantage et sont plus abondantes. Mais un nouveau problème se pose, car les sardinelles et autres, qui assurent aujourd'hui la sécurité alimentaire, sont désormais pêchées pour être transformées en farines pour nourrir les poissons d'élevage.

1 Petit poisson des eaux chaudes côtières de la même famille que la sardine.

Il n'y a pas que la pêche qui affecte le milieu marin. Il y a aussi le changement climatique. Quel effet ce réchauffement a-t-il sur l'océan ?

Le changement climatique est extrêmement visible dans les milieux marins, car l'océan capte 90% de l'énergie solaire. D'ailleurs, il n'y aurait déjà certainement plus de vie sur Terre sans ce phénomène. Cela provoque un réchauffement des océans. Vous savez, les poissons n'ont pas lu les rapports du GIEC, mais ils en tiennent compte. D'abord, ils se déplacent : les zones intertropicales vont être désertées par les poissons qui vont migrer vers les pôles. Or ces zones intertropicales concentrent la majorité des pays en voie de développement. Cela va poser de graves problèmes de sécurité alimentaire. Les modélisations montrent que ces migrations toucheront 20%, 30% ou 40% des populations de poissons selon les zones d'ici à 2100. On entend souvent qu'il y aura des perdants et des gagnants. Or, les derniers rapports montrent que ce n'est pas la réalité, et qu'au niveau mondial, nous serons tous perdants. Ce n'est pas un jeu à somme nulle, car on observe aussi un impact sur la taille des poissons. Comme l'eau se réchauffe, elle contient moins d'oxygène, les poissons grandissent donc moins vite et sont de plus en plus petits. C'est un phénomène que les chercheurs constatent déjà dans leurs relevés.

Le changement climatique provoque aussi l'acidification des océans. En quoi cela consiste-t-il ?

L'acidité des océans est restée stable pendant des centaines de milliers d'années. Mais le CO_2 désormais en surplus dans l'atmosphère se dissout partiellement dans l'eau, ce qui augmente cette acidité. Cette transformation est absolument majeure. Le plancton et les petits mollusques, dont se nourrissent les poissons, sont en train de changer qualitativement et quantitativement. En Méditerranée, par exemple, les chercheurs ne comprenaient pas pourquoi les sardines devenaient toutes petites et très maigres. En réalité, elles ne parviennent pas à se nourrir d'un plancton qui s'est modifié à la suite de l'acidification de l'eau.

Les coraux sont très affectés par le changement climatique. Cela pourrait-il avoir un impact sur les populations de poissons ?

Le réchauffement climatique provoque des pics de chaleurs extrêmement élevés. Et cela a un impact énorme sur les coraux, car ces derniers meurent lorsque l'océan dépasse certaines températures. Aujourd'hui, 15 à 20% des coraux sont déjà morts. Et la totalité pourrait disparaître si le réchauffement climatique atteint 2 °C par rapport à l'ère préindustrielle. Ces coraux sont habités par 25% de la biodiversité marine. Ils sont cruciaux pour de nombreuses espèces de poissons qui y trouvent leur habitat.

Quel est l'impact de la pollution plastique sur la flore et la faune marines ?

La pollution par les plastiques est extrêmement importante. Aujourd'hui, nos océans sont nos poubelles. Si vous chalutez dans l'Adriatique, vous ramassez plus de déchets que de poissons. On déverse en Méditerranée 200000 tonnes de plastique par an. Et plusieurs millions de tonnes au niveau mondial. Ces plastiques sont ingérés par la faune marine : les tortues, les mammifères marins, mais aussi le plancton qui absorbe des microplastiques. Je suis stupéfait, quand je vais au supermarché, de voir tous ces emballages qui vont finir dans l'océan. Une mission européenne, Starfish 2030[2], a entre autres objectifs une génération « zéro déchet plastique ». La première chose à faire est de cesser de consommer du plastique et de le jeter dans la nature. Cette situation est impossible pour la vie sur Terre.

Si je résume, l'océan est à la fois confronté à une forte pollution, à la surpêche et au changement climatique.

Oui, et cela crée souvent des effets en chaîne. Pour l'illustrer, j'aimerais vous raconter une histoire. En Namibie, il y avait énormément de sardines – des millions de tonnes ! – et beaucoup d'anchois. Dans les

2 www.cnrs.fr/fr/cnrsinfo/mission-starfish-il-faut-stopper-la-degradation-delhydrosphere-et-reparer-les-degats

années 1980, ces espèces ont fait l'objet d'une surexploitation intense et ont presque été décimées. Il s'est alors produit un changement écosystémique : on a observé l'explosion de deux espèces de méduses extrêmement rares auparavant, dont les populations gigantesques pèsent aujourd'hui entre 20 et 40 millions de tonnes. Depuis, les sardines ne sont pas revenues.

Autrement dit, les méduses ont pris la place des sardines dans l'écosystème.

C'est ce qu'on appelle un changement de régime. Dans les écosystèmes surexploités, et avec le dérèglement climatique, on observe des invasions d'espèces à faible espérance de vie, telles les méduses, qui ne vivent qu'une année. Il y a aussi les poulpes, comme on l'a vu récemment sur les côtes bretonnes. Pour les méduses, on a l'habitude d'observer une recrudescence en juin ou juillet, qui se résorbe très vite. Mais si vous retirez certaines composantes de l'écosystème, vous obtenez une explosion des populations de méduses. C'est un phénomène que l'on constate en mer Noire, dans la mer de Bohai en Chine, en mer du Japon et dans beaucoup d'autres endroits. On commence aussi à l'observer en Méditerranée. Quelles sont les conséquences de ces explosions de méduses? Dans des écosystèmes comme ceux-là, les oiseaux meurent. En Namibie, par exemple, 90% des fous du Cap sont morts de faim, car ils mangent les sardines, pas les méduses. Les mammifères marins souffrent aussi énormément, car ils consomment de grandes quantités de poissons gras et riches en protéines. La méduse, au contraire, est constituée de 98 % d'eau. Cela modifie complètement le fonctionnement des écosystèmes. La surexploitation n'entraîne donc pas simplement une baisse de l'abondance, mais aussi la modification profonde des écosystèmes océaniques.

Pensez-vous que ce risque de basculement concerne aussi la Méditerranée ?

La Méditerranée est la mer la plus exploitée au monde, avec plus de 90% des stocks de poissons surexploités, comme le démontrent diverses évaluations européennes ou des Nations unies. Cela est dû à une mauvaise gestion des ressources : on pêche trop de poissons, des poissons trop petits. L'effort de pêche, c'est-à-dire le nombre de bateaux et de filets, est trop important.

Une fois que l'écosystème a basculé, peut-on revenir en arrière ?

Les trente dernières années sont riches d'exemples en la matière. Il y a un système complexe d'interaction entre les espèces, et ces situations sont peu réversibles. Régénérer ces écosystèmes est extrêmement long, voilà pourquoi il faut à tout prix ne pas tomber dans des schémas de surexploitation. Il y a néanmoins quelques exemples positifs. En Méditerranée, il n'y en a qu'un seul, celui du thon rouge. Jusque-là, malgré une limite de 12000 tonnes par an, on en pêchait 60000 tonnes. En 2008, on a sonné l'alerte, et l'on a mis en place une gestion spécifique. L'effort de pêche a été réduit. Ces mesures ont eu un effet incroyable : en deux ou trois années, les stocks se sont reconstitués. Cela a eu un effet extrêmement positif sur la pêche et les pêcheurs.

Si la ressource en poisson sauvage venait à manquer, pourrait-on compenser par l'aquaculture ?

L'aquaculture s'est énormément développée depuis les années 1980. Cette industrie produit chaque année 60 millions de tonnes de poissons, dont 70% à 80% en Chine, à destination du marché asiatique. Mais cette évolution de l'aquaculture, dont la production va probablement dépasser la pêche sauvage, se fait au détriment de cette dernière. Aujourd'hui, 25 millions de tonnes de sardines, d'anchois, et même de maquereaux et de harengs sont transformées en farines de poisson afin de nourrir, pour 70% d'entre elles, les poissons élevés en aquaculture. Or, comme on l'a vu, les ressources mondiales de poissons sauvages vont diminuer, ce qui amène la question suivante : faudra-t-il continuer à utiliser ces poissons pour faire de la farine ou plutôt les rediriger vers la consommation humaine? Car cela représente une perte énergétique importante pour nourrir des carpes, des saumons et des crevettes[3].

Pour sortir de cette situation, vous prônez la mise en place d'une pêche durable qui respecte les écosystèmes. Que cela signifie-t-il concrètement?

La pêche cumule de nombreux problèmes, notamment un recul des emplois. Je regardais une photo ancienne de nos ports de pêche bretons, où des milliers de bateaux étaient à quai. Aujourd'hui, il y en a toujours des milliers, mais ce sont des bateaux de tourisme. Ne veut-on pas créer davantage d'emplois dans nos ports grâce à une pêche artisanale et plus durable? Les engins de pêche doivent être plus économes en énergie fossile. Ils iront un petit peu moins vite, certes, mais on valorisera mieux l'activité et le produit. Parce qu'un chalut, non content de détruire les fonds marins, consomme aussi beaucoup d'énergie fossile. Nous devons aller vers une approche beaucoup plus douce. Nous avons la chance de disposer de technologies extrêmement performantes. Pourquoi ne pas les utiliser pour prélever juste ce qu'il nous faut sans tout détruire?

Comment faire selon vous pour retourner vers une pêche plus artisanale?

Une vision collective est nécessaire. Personnellement, je m'inquiète pour tous ces pêcheurs qui ont investi beaucoup d'argent et d'énergie, qui ont une connaissance formidable de leur milieu et qui se voient frappés par un prix du gazole qui va devenir insoutenable. Il faut que le monde change. On va être touché par beaucoup de crises, qu'il s'agisse du climat ou de l'énergie. Il faut les anticiper, et aussi utiliser

3 Produire 1 kilo de poissons d'élevage nécessite entre 1,2 et 5 kilos de poissons sauvages.

les subventions à bon escient. Au niveau mondial, les subventions à la pêche se montent à 35 milliards de dollars. Elles doivent être employées à concevoir et à soutenir cette transition à la fois sociale, économique et environnementale.

Pour l'instant, ces subventions ne vont-elles pas plutôt à la pêche industrielle ?

Effectivement. J'en prends pour exemple un chalutier qui a commencé à opérer en Manche en 2019, qui mesure 143 mètres de long et 18 mètres de large et peut pêcher 250 tonnes par jour. Est-ce vraiment cela le modèle d'avenir ? C'est tout le contraire de ce dont nous aurions besoin : des embarcations économes et respectueuses de l'environnement. Les subventions ne devraient pas servir à construire ce genre de monstre, mais plutôt à créer de vraies dynamiques de durabilité locale.

Cette approche d'une pêche écosystémique a-t-elle déjà été mise en place avec succès ?

Oui, un bon exemple est l'Afrique du Sud, où j'ai beaucoup travaillé. Cela fait presque une trentaine d'années que le pays a mis en œuvre cette approche écosystémique. Cela consiste à replacer les systèmes de production dans un cadre beaucoup plus général. À ne pas considérer simplement la ressource que vous voulez gérer, mais l'ensemble de l'écosystème. Si l'on veut gérer la ressource en sardines ou en morue, jusqu'à présent cela signifiait assurer la reproduction de ces populations. Aujourd'hui, ce n'est plus suffisant. Il faut tenir compte des autres habitants de l'écosystème : les oiseaux, les mammifères marins, mais aussi les plus gros poissons qui se nourrissent de sardines. Combien de poissons faut-il laisser en mer pour nourrir les oiseaux et les mammifères marins ? Sinon les oiseaux disparaissent, les mammifères aussi, l'écosystème ne se porte pas bien et peut basculer pour produire des méduses ou d'autres espèces. Et cela n'est pas favorable à la pêche. Les chercheurs ont réussi à déterminer qu'il faudrait laisser en mer une quantité non négligeable de sardines – autour de 30% des stocks – pour faire fonctionner l'écosystème.

Pour soutenir le renouvellement des populations, faudrait-il aussi créer plus de réserves marines qui soient vraiment protégées?

Beaucoup d'objectifs vont dans ce sens au niveau international, entre autres celui d'atteindre 30% d'aires marines protégées, dont 10% totalement protégées en 2030. Mais il faut que cette protection soit plus rigoureuse, car le terme «réserve marine» ne veut pas dire grand-chose. L'extraction minière, le tourisme, la pêche, toutes les activités humaines sont présentes dans beaucoup de ces eaux. En Méditerranée, il existe de nombreuses aires marines, mais lorsqu'on regarde cela d'un point de vue scientifique, on s'aperçoit qu'il s'agit de mouchoirs de poche. Les réserves marines sont importantes pour la biodiversité, mais aussi pour atténuer les effets du changement climatique et pour la protection du domaine côtier. Car quand vous avez des écosystèmes en bonne santé, vous préservez et favorisez la séquestration de carbone. Des millions de tonnes de sardines, ce sont aussi de grandes quantités de carbone séquestré.

Si je résume, nous avons déjà à portée de main les solutions qui permettraient à la fois de protéger les pêcheurs et les écosystèmes marins.

Oui, je pense qu'il faut être optimiste pour les océans, pour la pêche. Car nous avons à notre disposition un arsenal scientifique, mais aussi des concepts d'approche écosystémique de la pêche pour gérer au mieux les écosystèmes marins. Dans l'univers, une petite couche de 50 kilomètres d'épaisseur autour de notre planète renferme tout le vivant. Il faut vraiment que nous la protégions. Car la vie sur Terre ne tient que dans cette petite couche fragile.

CHAPITRE 5

POUR UN CHÂTEAU DE SABLE

Entretien avec Éric Chaumillon, professeur en géologie marine à l'université de La Rochelle, chercheur au laboratoire Littoral, environnement et sociétés, spécialiste des littoraux et de l'exploitation du sable, auteur de *Hé... La mer monte !* et de *La mer contre-attaque*[1].

1 Éric Chaumillon et Guillaume Bouzard, *La mer contre-attaque ! Vous n'irez plus à la plage de la même façon*, Plume de carotte, 2021 et *Hé... La mer monte ! Chronique d'une vague annoncée*, Plume de carotte, 2019.

«Par son activité extractive, l'homme est devenu
un paramètre géologique qui façonne la surface
de la Terre de manière plus importante que la nature.»

Éric Chaumillon

Nous venons de plonger dans les eaux troubles de la surpêche, où les pratiques industrielles déciment les populations marines, au risque de faire basculer tout un écosystème. Mais la pêche n'est pas la seule activité humaine qui affecte la mer. Il en existe une autre, plus méconnue : l'extraction de sable. Ce sable qui fait le bonheur des vacanciers l'été, sur la plage, est aussi convoité par l'industrie. C'est même la ressource naturelle la plus exploitée au monde après l'eau. Nous en consommons 40 à 50 milliards de tonnes par an, essentiellement pour alimenter le secteur du bâtiment. Car le sable est l'un des principaux composants du béton. De ce fait, il n'est pas étonnant que nous en engloutissions des quantités astronomiques. Dans ma région, en Île-de-France, l'urbanisation galopante a déjà conduit à la disparition de deux tiers des surfaces cultivées en quarante ans. Chaque année, 2000 hectares supplémentaires sont perdus pour construire des entrepôts, des routes, des infrastructures ou des logements, alors qu'il existe des friches et des logements vacants. Sans compter les «grands projets» comme les Jeux olympiques de 2024 ou le Grand Paris, qui contribuent à la fièvre bâtisseuse.

Plus on bétonne, plus on consomme de sable. Or, contrairement aux idées reçues, ce dernier n'est pas une ressource illimitée. En 2019, l'ONU a même tiré la sonnette d'alarme quant au risque d'épuisement du sable et aux graves conséquences environnementales de son exploitation. Car en pompant le sable marin, nous détruisons des écosystèmes et faisons reculer – sinon disparaître – les plages, fragilisant ainsi nos côtes déjà menacées par la montée des eaux. Les plages de sable existeront-elles encore en 2100? Peut-on améliorer l'accès au logement et aux infrastructures tout en respectant notre environnement?

***Audrey Boehly.* Est-il vrai qu'on ne côtoie pas seulement le sable en été sur la plage, mais aussi, sans le savoir, dans notre vie quotidienne?**

Éric Chaumillon. Oui, tout à fait. Le sable est un matériau aux très nombreuses applications. Dans le bâtiment principalement, et dans la construction au sens large. Suivant la taille des grains, il peut être utilisé pour fabriquer des infrastructures comme les routes, les voies ferrées, les aéroports, etc. On en trouve également dans des objets où sa présence peut surprendre, comme en électronique, les puces de nos ordinateurs étant composées de silicium, l'un des constituants majeurs de la croûte terrestre[2]. On en trouve encore dans le domaine de l'énergie, car les panneaux solaires sont eux aussi constitués en grande partie de silicium.

Plus étonnant, on emploie parfois le sable pour amender les terres agricoles.

Dans ce cas, il ne s'agit plus de sable siliceux, provenant de la croûte terrestre – qui constitue les deux tiers des réserves de sable sur la planète –, mais de sable calcaire principalement issu des sédiments marins[3]. L'ajout de sable calcaire permet de réduire l'acidité des terres siliceuses, comme celles situées sur des sous-sols granitiques que l'on trouve en Bretagne ou en Corse, par exemple.

Néanmoins, la grande majorité du sable est utilisée dans le secteur du bâtiment, car il entre dans la composition du béton.

Pour fabriquer du béton, il faut du ciment, du sable, des graviers et de l'eau. Si nous sommes si gourmands en sable, c'est en effet dû à la forte demande en béton. Ce matériau est devenu prédominant dans la construction au XXe siècle, avec une croissance exponentielle qui se poursuit au XXIe siècle. Les chiffres sont gigantesques : de 40 à 50 milliards de tonnes de granulats[4] consommés par an aujourd'hui, contre environ 1 milliard de tonnes au début du XXe siècle.

2 Le silicium (Si) est un élément chimique constitutif du sable dit « siliceux ». La majeure partie du sable sur Terre est constituée de grains de quartz (composition Si02) provenant de l'érosion de roches de la croûte continentale.

3 Les sédiments marins sont formés notamment à partir des coquilles et des squelettes d'animaux marins.

4 Ensemble de matériaux (sable, gravier, etc.) entrant dans la composition du béton.

**Pour donner une idée, il faut environ 3 000 tonnes de sable pour construire un hôpital, 30 000 tonnes pour un kilomètre d'autoroute et 12 millions de tonnes pour une centrale nucléaire.
La population mondiale a quasiment triplé depuis soixante ans, on a donc besoin de toujours plus de logements et d'infrastructures.
À quel point la consommation de béton et de sable a-t-elle augmenté ces dernières décennies ?**

Ce sont les décennies que j'ai vécues, et il y a un marqueur que j'ai trouvé absolument spectaculaire. En 2013, on estimait la consommation mondiale à environ 15 milliards de tonnes. Cinq ans plus tard, lors de la parution du rapport du Programme des Nations unies pour l'environnement (UNEP)[5], la consommation avait atteint entre 40 et 50 milliards de tonnes. Soit une multiplication par 3,3. Alors que dans le même temps la population n'a été multipliée que par 1,1. Autrement dit, cette boulimie de sable ne s'explique pas uniquement par la croissance de la population. Aujourd'hui, c'est la deuxième ressource la plus utilisée au monde après l'eau. On en consomme 18 kilos par jour et par habitant. Cela pose évidemment la question du caractère durable de cette exploitation.

On a l'impression que cette ressource est infinie, que nous n'en manquerons jamais. Est-ce vraiment le cas ?

La quantité de sable sur Terre est évidemment très importante. On peut même s'amuser à estimer le nombre de grains de sable sur la planète, et l'on obtient des chiffres astronomiques. C'est le cas de le dire, puisqu'on arrive à des ordres de grandeur proches du nombre d'étoiles dans l'univers. Mais en réalité, la plupart de ces grains de sable sont inexploitables.

Soit parce que les ressources sont inaccessibles, au fond de l'océan par exemple, soit parce que leurs propriétés physiques ne le permettent pas, comme le sable du désert. Mais nous en parlerons tout à l'heure.

---

5 UNEP, *Sand and Sustainability: Finding New Solutions for Environmental Governance of Global Sand Resources*, 2019.

Pour que la nature produise des grains de sable, il faut des dizaines, voire des centaines de milliers d'années. Et aujourd'hui, on consomme en volume plus de deux fois plus de sable que l'ensemble des sédiments (vases et sables) charriés par tous les fleuves du monde dans les océans. Autrement dit, par son activité extractive, l'homme est devenu un paramètre géologique qui façonne la surface de la Terre de manière plus importante que la nature. C'est une illustration de ce que l'on appelle l'Anthropocène.

En France, l'équivalent d'un département disparaît sous le béton tous les dix ans pour étendre les villes et les infrastructures. Où va-t-on chercher le sable dont nous avons besoin pour la construction ?

Il y a trois manières de produire du sable. Premièrement, on peut le fabriquer à partir de roche que l'on extrait dans des carrières, et que l'on fragmente en morceaux de la taille désirée, à savoir des graviers ou du sable. Deuxièmement, on peut prélever le sable alluvionnaire, accumulé par les cours d'eau à l'endroit où ils coulent aujourd'hui – le lit mineur –, mais aussi là où ils ont coulé par le passé – ce que l'on appelle les terrasses des fleuves et des rivières. Et puis, il y a le sable marin. En France, nous en consommons relativement peu. Comme le sable des rivières, il provient de la dégradation des continents. C'est fréquemment de l'ancien sable de rivière car, du fait des variations du niveau de la mer, d'anciens lits sont aujourd'hui situés sous l'océan.

En Île-de-France, pour alimenter les chantiers du Grand Paris et des Jeux olympiques, il va falloir étendre des carrières de sable ou en ouvrir de nouvelles. Continue-t-on à en ouvrir beaucoup de nouvelles en France ?

Il y a une forte demande de granulats en France. La population française n'augmente pas beaucoup, ce sont plutôt les migrations à l'intérieur du territoire qui motivent la construction. Beaucoup de personnes veulent vivre en bord de mer. Il y a aussi une concentration autour de

Paris et en Île-de-France, qui pousse à construire des logements et des infrastructures. Tout cela génère un besoin élevé en matériaux. Pour que ce soit rentable, il faut que les carrières soient proches des lieux de consommation. Il y a donc une forte pression en Île-de-France, mais aussi sur le littoral.

Quelles sont les conséquences environnementales de ces carrières?

Les conséquences sont variables selon que les exploitations sont à terre ou en mer. Pour les carrières terrestres, il y a une problématique paysagère puisque le sol et la végétation sont remplacés par un trou béant avec des machines qui extraient les matériaux. En mer, il y a tout d'abord un impact sur la dynamique sédimentaire. Certains sédiments prélevés ne vont plus aller alimenter les plages sur les littoraux. Il y a aussi des conséquences sur la biodiversité, car en aspirant le sable au fond de la mer, on va altérer ou détruire des habitats. Et puis, il y a aussi parfois des conflits avec d'autres usages, comme la pêche.

C'est ce qui s'est produit dans la baie de Lannion, où devait s'implanter une entreprise pour exploiter le sable au large. Les pêcheurs ont protesté, estimant que leurs activités étaient directement menacées par la disparition d'une dune sous-marine. Ces dunes servent d'abri et de nurserie aux poissons, c'est bien cela?

Effectivement, ce sont des habitats privilégiés pour les formes juvéniles de poissons, ou pour les poissons plats. Il ne faut pas imaginer que les fonds sableux sont des lieux stériles, bien au contraire.

Pomper le sable marin a-t-il aussi un impact sur les littoraux?

À l'heure actuelle, nous faisons face à des problématiques d'érosion, à cause de la montée du niveau de la mer due au changement climatique. La barrière sédimentaire, qui désigne l'ensemble de la plage, de l'avant-plage et de la dune, permet de protéger le littoral en formant un relief. On peut l'observer lorsqu'on va à la plage et que l'on est obligé de monter la dune pour aller jusqu'à la mer qui se situe de l'autre côté. Ce relief est intéressant, car il agit comme une protection face aux attaques de l'océan, un peu comme un pare-choc qui protège de l'érosion et des submersions. Or, cette barrière se dégrade dans beaucoup d'endroits du monde, car on manque de sédiments dans la zone littorale. Il y a des échanges de sédiments entre la plage terrestre et sous-marine. Si l'on exploite du sable trop près du littoral, on retire des sédiments qui pourraient recharger la plage naturellement. Voilà pourquoi l'exploitation du sable marin est à proscrire si on ne s'est pas assuré que le sable ne pouvait pas « nourrir » la plage. Hélas, il y a beaucoup d'endroits dans le monde où cela se pratique.

Quels sont les pays qui consomment le plus de sable ?

La Chine est de loin le premier, avec près de 20 milliards de tonnes, soit la moitié de la consommation mondiale. Ensuite, il y a l'Inde. Si l'on regarde uniquement le sable d'origine marine, la situation est différente. Les gros consommateurs *per capita* sont plutôt de petits pays avec des traits de côte importants. Parmi eux, il y a le Japon, le Royaume-Uni, mais aussi les Pays-Bas.

On a beaucoup parlé de travaux titanesques dont l'objectif était d'étendre la surface de certaines villes sur la mer. Par exemple à Dubaï, avec des projets comme Palm Islands, ou The World – un archipel d'îles artificielles dont l'implantation figure un planisphère géant – qui a consommé plus de 400 millions de tonnes de sable. On ne s'en doute pas, mais la création de surfaces terrestres en mer est l'activité la plus consommatrice de sable après la construction.

Effectivement. L'action de gagner de l'espace sur la mer s'appelle la poldérisation. Cela se pratique à Dubai, mais aussi dans de nombreux autres endroits, en particulier en Asie, en Chine, en Inde. On vient déverser des matériaux en mer et constituer des sortes de terrasses sur lesquelles on va ensuite construire.

À Dubaï, on utilise du sable marin pour la construction. Pourtant, cette ville est située en plein désert. Pourquoi ne pas en exploiter le sable, si abondant et facile d'accès?

Pour faire du béton, il faut différentes tailles de grain : du sable, mais aussi des graviers. Il faut que les grains soient anguleux. Or les grains de sable du désert ont été transportés par le vent, se sont entrechoqués depuis des millénaires, et ont par conséquent une forme extrêmement arrondie. Leurs propriétés pour la fabrication du béton sont donc beaucoup moins intéressantes.

La ville de Singapour a, elle aussi, consommé de gigantesques quantités de sable marin pour s'agrandir de 20% sur la mer. Ce sable a été importé d'Indonésie, ce qui aurait provoqué la disparition de 24 îles. Cela paraît incroyable. Comment l'extraction de sable peut-elle faire disparaître des îles entières?

Dans l'archipel indonésien, il y a une myriade de petites îles, certaines rocheuses, d'autres sédimentaires. Cette région dispose donc d'une énorme ressource en sable. Une partie de cette ressource a été vendue à la cité-État de Singapour. Tout cela est-il réglementé? Ce n'est pas si clair, puisque certaines sociétés d'extraction semblent ne pas avoir d'adresse. On a vainement tenté de tracer ces matériaux, sans succès. Il y a donc une certaine opacité.

On parle d'ailleurs d'une véritable mafia du sable qui se développe à mesure que la consommation augmente et que la disponibilité de la ressource diminue.

Oui, tout à fait. C'est un commerce très attractif, puisqu'il y a une forte demande et que la ressource est gratuite. Celui qui est capable d'accaparer cette ressource et de la vendre peut donc réaliser beaucoup de profits. Évidemment, tout cela est réglementé dans certains pays. Mais dans d'autres, ce n'est pas le cas, ou bien la réglementation n'est pas respectée. J'ai eu l'occasion de travailler sur ce sujet sur les côtes indiennes, et j'ai appris grâce à des journalistes que des menaces régulières à l'encontre de personnes enquêtant sur ces exploitations illicites, voire des accidents de circulation assez douteux, avaient eu lieu.

Quels sont les pays les plus touchés par les vols de sable ?

On a parlé de l'Indonésie, mais il y a aussi beaucoup d'exploitations sauvages en Afrique équatoriale, en Afrique de l'Ouest, au Maghreb – au Maroc en particulier. Les habitants ou des sociétés locales vont puiser le sable directement sur la plage, ce qui est désastreux puisque la plage et la dune sont la meilleure défense contre les attaques de la mer. Et en particulier contre une menace nouvelle à l'échelle de l'humanité : l'élévation du niveau des mers. Les mesures indiquent clairement que la mer monte de quelques millimètres par an. Avec le réchauffement climatique, cette élévation sera encore plus importante, de l'ordre de un centimètre par an, ce qui va engendrer une érosion généralisée des côtes. Il est impératif de préserver les côtes afin qu'elles puissent s'adapter, se reformer, quand bien même la mer monte. Et pour cela il faut du sable, des graviers. Les prélèvements sur la plage ou à proximité sont donc absolument à proscrire.

Observe-t-on déjà ce phénomène d'érosion des côtes en France ?

La France ne fait pas exception. Plus d'un tiers de nos côtes sont concernées par l'érosion. Ce phénomène s'inscrit dans la durée et va s'intensifier en raison de l'élévation du niveau des mers. Cette problématique est cruciale en France et dans beaucoup de pays qui vont faire face à des risques de submersion. Il y a la montée progressive de la mer, qui va s'accélérer si on ne limite pas le réchauffement climatique. Mais il y a aussi les élévations brutales liées aux tempêtes. Au cours d'une tempête, on peut observer des élévations allant jusqu'à six mètres, ou même plus de huit mètres dans certains cas. Voilà pourquoi nous avons intérêt à avoir du sable en quantité sur nos plages.

Les trois quarts des grandes métropoles et la moitié de la population mondiale sont situés sur le littoral. Pour éviter l'érosion des côtes, mais aussi pour des raisons touristiques, certaines villes comblent leurs plages en allant chercher du sable sur d'autres plages ou en mer. Non seulement cela coûte cher, mais ce sable ajouté disparaît souvent, à nouveau, au bout de un ou deux ans. N'est-ce pas complètement vain ?

Pour stabiliser le trait de côte, la solution la plus fréquemment utilisée, c'est la digue. On en a d'ailleurs construit un peu partout. Mais la digue pose des problèmes. C'est très cher, il faut l'entretenir. Et surtout, les vagues se réfléchissent contre ce mur et font ainsi disparaître la plage, s'il y en a une. Évidemment, c'est catastrophique d'un point de vue touristique. Mais aussi d'un point de vue écologique : les plages abritent beaucoup d'êtres vivants, elles constituent des aires de repos pour les oiseaux, il y a toute une faune qui vit dans le sable, etc. Combler les plages avec du sable venant d'ailleurs est une solution qui peut paraître séduisante. Sauf que, à l'endroit où on le prélève, des écosystèmes peuvent s'en trouver altérés. C'est aussi très coûteux financièrement, ainsi que d'un point de vue énergétique, car il est transporté par camion ou par bateau. Il s'agit donc d'une solution qui peut être intéressante ponctuellement, mais qui n'est pas généralisable.

L'ONU plaide pour une gouvernance mondiale des ressources en sable, pour plus de réglementation, plus de surveillance. Cela pourrait-il être une solution ?

Oui, cela me semble une évidence. Face aux problématiques planétaires – accès aux ressources, pollution, réchauffement climatique, chute de la biodiversité –, je ne vois pas comment faire autrement que mettre en place des règles. Il est impératif de réglementer, puisque cette ressource naturelle peut non seulement s'épuiser pour nous, mais surtout pour les générations futures.

Pourrait-on développer des substituts au sable marin ? Augmenter les volumes de sable produit à partir de la fragmentation des roches par exemple ?

On le fait déjà. En France, cela représente presque la moitié des granulats produits. Mais nous pourrions difficilement augmenter les volumes, car il y a un coût en termes d'impact paysager. Il est de plus en plus difficile d'obtenir des permis d'exploiter et de dégrader les paysages. Côté français, nous sommes donc assez limités. Une option pourrait être le recyclage, mais surtout, de consommer moins.

Vous parlez du recyclage du béton ?

Je pense au recyclage des matériaux de construction en général. Il y a des usages pour lesquels on a besoin de matériaux nobles et très spécifiques : pour la construction d'hôpitaux, de centrales nucléaires ou de piles de ponts, par exemple. Mais dans d'autres cas, comme pour les routes, les voies ferrées, les aéroports ou la poldérisation, il est possible d'utiliser tous types de granulats. Pour ces applications, le recyclage de matériaux anciens est tout à fait pertinent.

Pourrait-on utiliser d'autres matériaux que le béton ? Des matériaux biosourcés, comme le bois ou la paille ?

Remplacer complètement le béton, non, mais trouver un substitut dans certains cas, tout à fait. Pour la construction de maisons individuelles par exemple, l'usage du bois ou de la paille s'avère intéressant. Il est aussi possible d'utiliser des débris ou des billes de bois en inclusion dans du ciment. Employer du bois dans la construction présente un double avantage : réduire la consommation de sable, mais aussi produire moins de gaz à effet de serre et séquestrer le carbone présent dans le bois.

Il serait aussi possible de construire moins. En Île-de-France, on compte des milliers de mètres carrés de bureaux vides et plus de 300 000 logements vacants. On peut aussi se demander si l'on a encore besoin de construire autant d'infrastructures, de routes, de ponts, de zones d'activités, sachant que nos pays développés sont déjà bien équipés.

Nous sommes encore dans une période où nous consommons beaucoup, nous dilapidons les ressources naturelles fournies gratuitement par la planète. Il est en effet urgent de consommer moins, de réutiliser d'anciens habitats, de recycler les matériaux. Cela pose aussi la problématique des résidences secondaires. J'habite à La Rochelle, dans un territoire littoral très prisé, et je constate à quel point les maisons secondaires sont nombreuses à certains endroits. Cela pose question. Nous sommes près de 8 milliards d'humains, si tout le monde veut sa maison secondaire, cela va être compliqué.

Faudrait-il aussi opter plus souvent pour la réhabilitation des bâtiments afin d'économiser des matériaux ? La pratique aujourd'hui est plutôt de détruire pour reconstruire.

Si vous achetez une maison en mauvais état et que vous faites appel à une entreprise ou un architecte, ils vous diront certainement qu'il est beaucoup moins cher de tout détruire pour reconstruire une habitation aux normes. Certes, nous pouvons faire des choix à titre personnel, mais cela pose aussi la question de la réglementation, des incitations financières et des politiques publiques pour accompagner un changement de pratique.

Selon vous, nous aurions les moyens de réduire notre consommation de matériaux de construction et de sable s'il y avait une vraie volonté politique. Avec un autre bénéfice important, qui serait la réduction de l'artificialisation des sols.

Je pense effectivement qu'il est possible de limiter les nouvelles constructions. Arrêter d'artificialiser les sols est un objectif national.

Il y a tout de même une prise de conscience en France. Quels que soient nos progrès technologiques, à la fin, il faudra quand même respirer et manger, et pour cela, nous avons besoin de surfaces agricoles et d'écosystèmes en bonne santé.

CHAPITRE 6

BIODIVERSITÉ : EXTINCTION EN VUE

Entretien avec Sandra Lavorel, écologue, directrice de recherche au CNRS, membre de l'Académie des sciences et coautrice du rapport de la *Plateforme intergouvernementale scientifique et politique sur la biodiversité et les services écosystémiques* (IPBES).

«Nous n’avons aucune chance de résoudre les crises conjointes de la biodiversité et du climat en gardant le modèle économique et sociétal actuel.»

Sandra Lavorel

Agriculture, pêche, surexploitation des ressources naturelles comme l'eau ou le sable... Les activités humaines ont de graves conséquences sur les écosystèmes. Les chiffres parlent d'eux-mêmes : les trois quarts des environnements terrestres, et près de la moitié des environnements marins sont sévèrement altérés. Les populations de vertébrés ont décliné de 60% en quarante ans, et la moitié des récifs coralliens a disparu au cours des trois dernières décennies. La biodiversité s'érode à une vitesse alarmante, et nous serions même entrés dans la sixième extinction de masse, 66 millions d'années après celle qui a vu disparaître les dinosaures.

Cette sombre réalité décrite par les scientifiques, nous pouvons en partie la percevoir dans notre vie quotidienne. Mes souvenirs d'enfance sont peuplés de papillons qui coloraient le jardin de mes grands-parents en été. Aujourd'hui, quand mes filles peuvent en observer un, c'est un événement. Je me souviens de mes pas dans les champs qui faisaient s'élever en gerbe des dizaines de sauterelles, et du pare-brise de la voiture recouvert d'insectes quand nous partions en week-end.

Plus rien de tout cela aujourd'hui. Comment ces changements ont-ils pu se produire en si peu de temps ? Pire, mes filles et leur génération ne porteront pas la mémoire de ce monde rempli d'insectes. Une forme d'amnésie environnementale qui touche une génération après l'autre, changeant peu à peu la perception de la normalité, comme la grenouille qui ne s'aperçoit pas qu'on augmente progressivement la température de l'eau de son bassin. Pour éviter de finir comme la grenouille de l'histoire, c'est maintenant que nous devons ouvrir les yeux. Quelles sont les causes de cet effondrement de la biodiversité ? Pourquoi devons-nous nous en soucier ? Et comment stopper cette destruction du vivant ?

***Audrey Boehly.* Le déclin des insectes que l'on peut constater dans notre vie quotidienne est-il confirmé par les observations scientifiques ?**

Sandra Lavorel. En Europe, dans nos régions et à l'échelle mondiale, non seulement certaines espèces d'insectes sont en danger, mais leurs populations sont en fort déclin. Il est donc légitime de s'inquiéter. D'autant que les insectes sont à la base des chaînes alimentaires de beaucoup d'organismes, en particulier les oiseaux. Les insectes participent aussi à d'autres processus dans les écosystèmes, notamment le recyclage de la matière organique dans les sols. Les espèces sont connectées entre elles par la relation «qui mange qui», mais aussi par des échanges d'énergie et de matière – le tout formant ce qu'on appelle un réseau trophique. C'est le fondement du fonctionnement de tous les écosystèmes.

Un peu comme une tapisserie : si l'on tire sur un fil, c'est l'ensemble qui risque de se défaire.

Les écosystèmes sont fondés sur des relations intimes entre les différentes espèces. Ce réseau est très fortement connecté. Et si l'on en détruit une partie, la perturbation risque de se propager à l'ensemble du système.

Comment expliquer la disparition des insectes et des pollinisateurs comme les abeilles ?

Il y a de multiples causes. L'une d'entre elles est très bien établie, ce sont les pesticides. Il n'y a aucun doute sur leur rôle dans la disparition des insectes. Selon les régions, les changements du climat entrent aussi en jeu. Et puis, bien entendu, la perte de leurs habitats.

À quel point la France est-elle touchée par le recul de la biodiversité ?

Ce recul touche la France tout comme le reste du monde. Nous avons évoqué l'exemple des insectes. C'est aussi le cas pour les oiseaux, en particulier dans les zones agricoles où les populations ont très fortement diminué au cours des dernières décennies.

On parle du début d'une sixième extinction de masse du vivant. Que cela signifie-t-il exactement ?

Deux paramètres sont pris en compte : le nombre d'espèces qui s'éteignent et la rapidité à laquelle cela se produit. Depuis toujours, des espèces s'éteignent et d'autres apparaissent. On estime que le taux de base est environ d'une espèce éteinte par siècle pour 10 000 espèces. Or le taux actuel est 100 à 1000 fois plus élevé. On estime que dans les prochaines décennies, nous pourrions perdre jusqu'à 1 million d'espèces.

Quelles sont les causes des précédentes extinctions ?

On ne le sait pas toujours. Le cas de l'extinction des dinosaures est le mieux connu du grand public. De manière générale, cela peut être dû à des événements climatiques brutaux, liés par exemple à des changements dans la rotation de la planète ou de sa position par rapport au Soleil. Cela peut aussi être provoqué par des événements de nature astronomique, comme des météores qui auraient touché la Terre.

C'est donc la première fois qu'une espèce provoque une telle extinction sur notre planète.

Oui, l'être humain est la première espèce qui, par sa densité mais aussi son emprise sur tous les écosystèmes, est capable d'impacter absolument toutes les autres espèces.

Les études concluent que la limite planétaire concernant la biodiversité est dépassée. Que cela signifie-t-il concrètement ?

Le concept de limite planétaire représente un seuil au-delà duquel le système Terre se trouve dans une configuration où il peut basculer à tout moment. Pour la biodiversité, définir un seuil est difficile. Néanmoins, on estime que les changements en cours ont le potentiel de modifier le fonctionnement de tous les écosystèmes.

Faut-il s'attendre à ce que le changement climatique accélère ce phénomène ?

Le changement climatique n'est pas la première menace sur les espèces actuellement. Mais ses effets vont augmenter et il va amplifier toutes les autres menaces qui pèsent sur la biodiversité.

Cela ne concerne pas seulement les grands animaux, mais aussi de beaucoup d'organismes peu visibles. Dans 1 gramme de terre, par exemple, il y a jusqu'à 1 milliard de micro-organismes. Peut-on affirmer que les activités humaines affectent toutes les formes de vie à toutes les échelles ?

Nos activités affectent sans aucun doute la plupart des formes de vie, et cela de plusieurs façons. D'abord, en modifiant les habitats des espèces : on a perdu beaucoup de forêts, de zones humides, etc. Mais il y a aussi des effets plus diffus comme le changement climatique, ou les pollutions qui se répandent quasiment partout et sont susceptibles d'affecter de très nombreuses espèces.

Est-il juste de dire que l'espèce humaine est sortie des cycles naturels en consommant de trop grandes quantités de ressources et en produisant des déchets qui ne peuvent pas être absorbés par la nature ?

Nous avons bouleversé les cycles dont nous faisons partie en transformant des matières premières, en créant de nouvelles molécules et en les diffusant dans l'environnement, souvent en grande quantité. On pense bien sûr au cas des plastiques.

Dans un entretien précédent, le spécialiste des océans Philippe Cury[1] explique que la perte trop importante de certaines espèces peut faire basculer tout un écosystème marin. Observe-t-on aussi ce phénomène dans les écosystèmes terrestres ?

---

1 Voir chapitre 4, « La mer dans nos filets », entretien avec Philippe Cury.

Oui, tout à fait. L'exemple le mieux analysé concerne les zones arides. On constate une transformation de ces écosystèmes en deux temps : une diminution de la couverture végétale, puis une perte de la fertilité des sols.

Une étude récente démontre le risque de basculement de la forêt amazonienne en savane, ce qui serait catastrophique. Cela est dû au changement climatique, mais aussi à la déforestation. Les zones déboisées servent en grande partie à la culture du soja afin de nourrir les animaux d'élevage. Ces derniers représentent plus de 90 % de la biomasse des mammifères non humains sur la planète. Ce chiffre impressionnant symbolise-t-il bien notre emprise sur la nature ?

Absolument, et cela inquiète beaucoup les scientifiques. Du fait de la densité de ces animaux domestiques, une part très importante des écosystèmes leur est dédiée, au seul bénéfice des humains.

On exploite aussi les animaux sauvages à travers la pêche, la chasse et pour en faire le commerce. En France, la chasse tue chaque année au moins 22 millions d'animaux. Et sur les 90 espèces pouvant être chassées, près d'un tiers est menacé ou quasi menacé. Devrait-on au minimum protéger ces espèces-là ?

Le prélèvement direct des animaux et des plantes sauvages fait en effet partie des causes principales de perte de la biodiversité. La protection des espèces est une mesure réglementaire internationale. La France est signataire de la Convention sur la diversité biologique[2]. On serait donc en droit d'attendre que cette réglementation prévale sur les réglementations locales.

La production de produits chimiques a été multipliée par 50 depuis les années 1950, et des millions de tonnes de plastique finissent chaque année dans l'océan. Une étude démontre que nous avons

2 Cette convention est issue du Sommet de la Terre qui s'est tenu à Rio de Janeiro (Brésil) en 1992.

dépassé la limite planétaire relative à la pollution. Cette dernière concerne-t-elle tous les milieux ?

Tristement, on constate qu'elle concerne tous les milieux naturels. Il y a la pollution visible, mais aussi la pollution non visible, comme les microplastiques ou les nanoplastiques. C'est peut-être de cela qu'il faut le plus s'inquiéter. Ces molécules sont capables de s'infiltrer absolument partout dans l'environnement. Or nous ne pouvons pas les quantifier, et nous ne comprenons pas forcément le devenir de ces molécules dans les écosystèmes.

Quelle surface d'espaces sauvages reste-t-il sur Terre ?

La majeure partie des surfaces terrestres – en l'occurrence 77 %, soit plus des trois quarts – est touchée par les activités humaines. On pourrait regarder le verre à moitié plein et se dire qu'il reste tout de même un quart de surfaces sauvages. En réalité, ce sont presque uniquement des zones non productives, trop froides ou trop sèches, ou alors complètement inaccessibles comme certaines forêts tropicales. Nous sommes de plus en plus performants pour accéder à tous les endroits de la planète et y extraire des ressources minières, forestières ou agricoles.

En France, on artificialise l'équivalent de la surface d'un département environ tous les dix ans. Cette artificialisation des sols joue-t-elle un rôle important ?

C'est l'un des problèmes majeurs pour la biodiversité en France. Bien entendu, c'est aussi le cas dans tous les pays développés, et de plus en plus dans les États dits émergents. C'est une problématique dont il faut se soucier d'urgence. Les législations européenne et française imposent que chaque mètre carré, chaque hectare artificialisé soient remplacés. Cela ne signifie pas protéger à la place une zone en bon état, mais restaurer un autre écosystème qui ne l'est plus.

Mais lorsqu'on a construit un parking ou des bâtiments par exemple, est-ce vraiment possible de restaurer un écosystème à cet endroit ?

Ce n'est pas impossible techniquement, mais c'est très coûteux. Et pour recréer un sol, il faut des siècles, voire des millénaires. Les sites les plus difficiles à régénérer sont ceux pollués avec des produits toxiques, les anciennes mines typiquement.

Vous parliez des zones humides, qui disparaissent à grande vitesse. Pourquoi ces zones sont-elles importantes ?

Les zones humides sont essentielles au fonctionnement de la Terre. En plus de constituer l'habitat de nombreuses espèces, elles jouent un rôle très important pour le cycle de l'eau : pour la régulation des crues par exemple, le relargage d'eau pendant les périodes sèches, mais aussi sa purification. Les zones humides, en particulier en milieu urbain, jouent également un rôle de régulation de la température locale.

Parmi les habitats essentiels, il y a bien sûr les forêts. À quel point sont-elles affectées par la déforestation ?

La déforestation est un réel problème, en particulier dans les régions tropicales et subtropicales. On parle beaucoup de l'Amazonie, du bassin du Congo. Mais il y a aussi de grandes surfaces forestières exploitées de manière de plus en plus intensive, en Sibérie par exemple.

L'association Envol Vert a développé un outil, l'Empreinte Forêt, qui permet de mesurer l'impact de notre consommation sur la destruction des forêts. En moyenne, en France, nous sommes chacun responsable de la disparition de 350 mètres carrés de forêt chaque année. Cela est dû pour les deux tiers à la production de soja, induite principalement par notre consommation de viande, d'œufs et de produits laitiers.

La production massive de protéines végétales pour les animaux d'élevage contribue fortement à la déforestation. J'aimerais citer un autre élément très inquiétant. En réponse au changement climatique, on propose d'utiliser certaines espèces végétales pour produire des agrocarburants. On ne mesure sans doute pas encore complètement l'impact de ces derniers. Les surfaces nécessaires à ces cultures vont constituer une vraie menace pour beaucoup de régions, en particulier les régions forestières. C'est le même problème que le remplacement de nos emballages plastique par des contenants fabriqués à partir d'amidon de maïs ou de pomme de terre. Il n'est pas possible de s'appuyer perpétuellement sur des solutions de substitution. Il faut juste consommer moins d'emballages, d'énergie, de produits alimentaires transformés, etc.

À première vue, il semblerait que les forêts françaises se portent plutôt bien, car elles gagnent du terrain. Mais à y regarder de plus près, on constate que la moitié d'entre elles ne sont constituées que d'une unique essence, et un tiers de seulement deux essences d'arbres. Comment cela se fait-il ? Est-ce un problème pour la biodiversité ?

Ces forêts monospécifiques sont en réalité des plantations d'arbres, un peu comme des cultures, liées à la production de bois et aussi parfois à la séquestration du carbone. Elles sont souvent exploitées de façon relativement intensive, avec des temps de rotation courts. Le fait que les arbres aient tous le même âge et soient de la même espèce n'est effectivement pas favorable en termes de richesse de l'habitat.

Les forêts naturelles ont l'avantage d'abriter un grand nombre d'espèces, mais jouent aussi plusieurs autres rôles importants, comme celui de capter le carbone, d'augmenter les précipitations localement ou de rafraîchir l'atmosphère en été. On le voit, la forêt nous rend directement ou indirectement de nombreux services.

Oui, les forêts assurent des fonctions essentielles pour le bien-être humain, telle la régulation du climat ou du cycle de l'eau. Ce sont des sources de produits variés, comme le bois, et des lieux où l'on peut venir se ressourcer. Les plantes, qu'elles soient aquatiques ou terrestres, produisent aussi de l'oxygène par la photosynthèse, ce qui a rendu la Terre habitable. Il existe des évaluations économiques de ces services rendus par la nature. Ces contributions sont chiffrées à des dizaines de milliards d'euros par an[3]. Pour ma part, je ne suis pas forcément favorable à exprimer la valeur de la nature en termes monétaires. Comment chiffrer, par exemple, le bien-être apporté par une promenade en forêt pendant votre week-end?

L'intérêt de chiffrer ces contributions n'est-il pas de démontrer que les destructions de la nature ont un coût, alors qu'elles sont habituellement considérées comme étant sans conséquence?

Les économistes raisonnent souvent en termes de ce qu'on appelle des coûts marginaux : combien cela coûte-t-il, par exemple, de remplacer la fonction d'une zone humide détruite qui régulait la qualité de l'eau? Combien va coûter la centrale d'épuration à construire à la place? Ce raisonnement est assez efficace, car il permet d'une certaine manière d'intégrer la nature dans le bilan comptable des entreprises.

Y a-t-il d'autres raisons qui devraient nous motiver à cesser de détruire le vivant? En quoi, par exemple, une plus grande biodiversité permet de mieux faire face aux changements climatiques?

La biodiversité contribue à la séquestration du carbone, mais pas uniquement. Elle permet surtout de stabiliser les fonctions des écosystèmes et d'amortir les effets du changement climatique, et donc de faire face non seulement à la variabilité annuelle du climat – dont on sait qu'elle va s'amplifier – mais aussi aux événements de plus en plus extrêmes.

Les écosystèmes sont un immense réservoir de molécules et de gènes intéressants pour la recherche. Plus de la moitié des médicaments sont issus des végétaux. Est-ce une raison de plus pour protéger le vivant?

---

3 Selon l'OCDE, la valeur des services écosystémiques est estimée entre 125 et 140 milliards de dollars par an, soit plus d'une fois et demie le PIB mondial (2019).

Tout à fait. C'est ce que les économistes appellent la valeur d'option de la nature, autrement dit les usages encore inconnus aujourd'hui. On découvre régulièrement des molécules dans les plantes, et beaucoup dans les champignons. Mais aussi dans des organismes marins peuplant les écosystèmes des grandes profondeurs, dont on ignorait jusque-là la valeur et qui peuvent être utilisés à des fins pharmaceutiques, voire alimentaires.

A-t-on aussi besoin de la nature pour notre équilibre personnel?

Nous avons aujourd'hui des preuves très solides des bénéfices physiologiques de la nature – par l'activité physique ou le simple fait d'aller respirer un air plus pur que celui d'un centre-ville –, ainsi que de ses effets psychologiques positifs. Ce dont on parle moins, ce sont des bénéfices collectifs sociaux : les gens vont dans la nature pour se retrouver, et cela a aussi des impacts tangibles sur la santé des personnes.

L'une des raisons de préserver la biodiversité n'est-elle pas tout simplement que nous en faisons partie?

Absolument, nous restons une espèce parmi d'autres. Nous sommes rappelés à la modestie par certains événements climatiques ou géologiques, mais aussi par les pandémies. Il est temps que nous nous rappelions de notre place dans la nature. Nos sociétés occidentales ont pour paradigme la séparation de l'humanité et de la nature. C'est ainsi qu'elles se sont construites historiquement. Or ce n'est pas le cas dans toutes les sociétés. Dans beaucoup de sociétés indigènes, soit l'homme est considéré comme faisant partie de la nature, soit il a une responsabilité par rapport à elle. La première chose est de prendre conscience que notre relation à la nature n'est pas universelle, et qu'il y a d'autres façons de l'envisager.

Parmi les démarches qui promeuvent un autre lien avec la nature, il y a celle de l'association Wild Legal, qui milite en faveur de véritables droits de la nature. Dans des pays comme la Colombie, la Nouvelle-Zélande, l'Équateur ou même les États-Unis, le statut juridique de forêts, de fleuves, de lacs ou d'animaux sauvages a été reconnu, ce qui permet de les doter de droits fondamentaux pour mieux les protéger. À l'inverse, on observe aussi un asservissement de plus en plus grand de la nature, jusqu'à la manipuler en produisant des organismes génétiquement modifiés (OGM). Cela est-il problématique, selon vous?

Nous cherchons à contrôler toujours plus la nature. C'est de cette manière que fonctionne notre modèle de développement de la connaissance et de l'innovation. D'un autre côté, il y a dans nos sociétés occidentales une reconnaissance accrue à la fois du droit et de l'utilité de la nature à évoluer par elle-même. Ceci est particulièrement intéressant quand on pense par exemple aux effets du changement climatique. Les mécanismes de l'évolution, notamment génétique, recèlent des solutions dont nous ne sommes pas conscients, et dont nous ne bénéficierons pas si nous ne laissons pas faire la nature.

Pour revenir à la question des OGM, le risque n'est-il pas d'aller vers une privatisation du vivant?

C'est l'un des versants de l'approche technocentrée du vivant. Et c'est ce qui contribue aux difficultés du débat sur les OGM. On peut interroger à la fois l'impact de ce type d'approche sur l'environnement, mais aussi les modèles d'exploitation qui l'accompagnent. Dans les recherches sur la nature et la biodiversité, on prend de plus en plus conscience de la nécessité de se soucier de l'équité des bénéfices retirés de la nature entre des structures privées, en particulier les entreprises, et la population.

La question est d'autant plus pertinente dans un monde où les ressources naturelles vont se réduire à mesure que la population augmente et que l'environnement est détérioré. Dans ce contexte, la création de la Plateforme intergouvernementale sur la biodiversité, l'IPBES – dont vous faites partie –, montre-t-elle qu'une prise de conscience est en train d'avoir lieu ?

L'IPBES est une plateforme onusienne similaire à celle qui existe pour le climat, le GIEC. Elle est chargée par les gouvernements de la production d'évaluations internationales de l'état de la biodiversité, des écosystèmes, et de leur contribution au bien-être des sociétés humaines. L'évaluation mondiale de l'IPBES approuvée par les gouvernements à Paris en mai 2019 a fait appel aux travaux de 145 experts originaires de 51 pays, à partir de milliers de publications scientifiques. La plupart de ces experts contribuent de manière bénévole, et même extraprofessionnelle.

Parmi les recommandations de l'IPBES, on retrouve des pistes évoquées par les scientifiques que j'ai interrogés précédemment, comme l'agroécologie, une approche écosystémique de la pêche, ou encore une meilleure gestion de la ressource en eau douce.

Effectivement, ces recommandations sont importantes. L'agroécologie est un bon exemple, car elle présente à la fois des bénéfices pour la biodiversité et pour le climat. Sa nécessité est mise en avant dans un rapport conjoint de l'IPBES et du GIEC publié en 2021 sur les solutions communes en faveur de la biodiversité et du climat[4].

La pollution a un fort impact sur la biodiversité. Faudrait-il arrêter complètement l'utilisation des pesticides ?

Je pense qu'il faudrait se débarrasser le plus possible des pesticides de synthèse, en particulier ceux actuellement utilisés, qui par ailleurs sont dérivés du pétrole.

4 IPBES and IPCC, IPBES-IPCC Co-Sponsored Workshop Report on Biodiversity and Climate Change-Scientific Outcome, juin 2021, DOI:10.5281/zenodo.4782538

Un autre levier majeur recommandé par l'IPBES est la sanctuarisation d'aires protégées sur 30 % de la surface terrestre, sur terre et en mer. Où en est-on sur ce point ?

L'objectif est déjà atteint dans certaines régions du monde et dans certains pays. En France, nous n'en sommes pas trop éloignés. Mais il faut savoir ce qui se cache derrière ces chiffres. Les aires classées sont principalement des zones qui ne sont pas productives, qui ne sont pas convoitées pour leur exploitation. Ce n'est pas en procédant ainsi que nous allons arriver à endiguer l'extinction de biodiversité à laquelle nous faisons face. Et puis il y a différents statuts de protection, allant de la préservation stricte jusqu'à des mesures beaucoup plus partielles. L'une des difficultés est que nous n'avons aucune idée du bénéfice cumulé obtenu par l'empilement de ces différents outils de protection, et de ce dont nous avons encore besoin pour progresser.

L'important ne serait donc pas d'afficher un pourcentage d'aires protégées, mais que ces aires le soient vraiment, ce qui n'est pas le cas aujourd'hui puisque la plupart d'entre elles autorisent des activités humaines. On a réintroduit avec succès différentes espèces disparues localement, en particulier de grands prédateurs comme l'ours ou le loup. Faut-il selon vous poursuivre cet effort ?

Tout à fait. D'un point de vue de la dynamique naturelle, il est bien entendu très intéressant de renforcer les réseaux trophiques dans les écosystèmes, notamment en prédateurs que nous avions perdus du fait d'éliminations volontaires.

Faudrait-il mieux réglementer la chasse et le commerce des animaux, à la fois pour préserver la biodiversité mais aussi pour réduire les risques d'épidémie ?

Il est vraiment nécessaire de renforcer la réglementation. Ces problèmes sont bien entendu d'ordre réglementaire. Ils relèvent donc de l'État mais aussi de l'éducation, de la sensibilisation, de la prise de conscience, et nous devons trouver des solutions globales dans les zones où vivent les gens. L'exemple des régions de savanes, en Afrique, où se développent des solutions pour que la protection des éléphants et d'autres animaux ne se fasse pas au détriment des populations locales, est intéressant.

Une autre source de virus sont les élevages intensifs. Faudrait-il arrêter ce mode d'élevage à la fois pour des raisons sanitaires, mais aussi pour des questions de bien-être animal ?

Ce n'est pas un bon mode de production, ni pour la nature ni pour la santé humaine. Ces élevages font un usage intensif d'antibiotiques et de beaucoup d'autres substances nocives, non seulement pour les animaux eux-mêmes, mais aussi pour l'environnement. Il faut d'urgence des solutions de transition, car on ne va pas tout changer du jour au lendemain.

Globalement, devrait-on manger moins de viande pour réduire l'espace occupé par l'élevage ?

La réduction de la consommation de viande se justifie surtout par l'impact environnemental en termes de ressources utilisées pour nourrir ces animaux. Les élevages produisent une part importante des émissions de gaz à effet de serre à l'échelle mondiale. L'idée n'est pas d'arrêter l'élevage, mais de passer à un élevage durable[5].

Pour sortir de la crise écologique, on prône l'investissement dans des technologies dites « vertes ». Ne faudrait-il pas plutôt investir dans des solutions fondées sur la nature, comme l'agroécologie ?

Les solutions fondées sur la nature sont des actions menées pour préserver, restaurer ou gérer la nature pour ses avantages en termes d'adaptation et d'atténuation du changement climatique. Avec aussi des bénéfices pour la protection de la biodiversité et pour les

5 Voir chapitre 2, « Comment nourrir le monde », entretien avec Marc Dufumier.

populations, comme la fourniture de biens alimentaires, de bois, etc., de manière durable.

Face à cette crise, des ajustements vont-ils suffire ? Ou faut-il sortir du modèle actuel qui tend vers une consommation toujours plus grande et une production toujours plus importante de déchets ?

Nous n'avons aucune chance de résoudre les crises conjointes de la biodiversité et du climat en gardant le modèle économique et sociétal actuel. La question n'est pas de savoir si nous devons abandonner ce modèle dans lequel nos sociétés occidentales sont piégées, mais quand et comment le faire. Il est essentiel que les citoyens soient conscients de la nécessité de ces changements profonds. Plus on attend, plus ils seront difficiles à mettre en œuvre. Par une prise de conscience de masse, nous aurons d'autant plus de chances de nous libérer de ce modèle toxique.

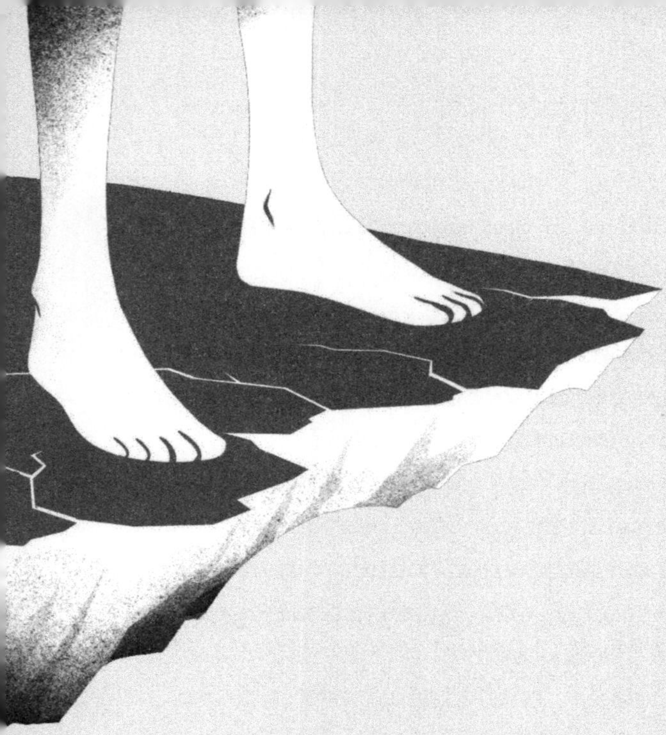

CHAPITRE 7

ÉNERGIE : L'OVERDOSE

Entretien avec Matthieu Auzanneau, spécialiste des questions de l'énergie et du climat, directeur de The Shift Project, un groupe de réflexion sur la transition énergétique, et auteur de *Pétrole, le déclin est proche*[1].

1 Matthieu Auzanneau et Hortense Chauvin, *Pétrole : le déclin est proche*, Seuil, 2021.

«Le déclin de la production mondiale de pétrole sera suffisamment rapide pour que l'on ressorte les fusils, mais pas assez pour nous prémunir contre le changement climatique.»

Matthieu Auzanneau

Après m'être penchée sur la production agricole, la pêche et l'extraction de sable, je me rends compte que ces sujets ont un point commun : l'énergie. Dans ma vie quotidienne, l'énergie, c'est l'essence dans le réservoir de ma voiture, la chaudière à gaz qui chauffe mon logement ou l'électricité pour recharger la batterie de mon téléphone. Mais au travers de mes entretiens précédents, je comprends que c'est bien plus que cela. Tous les jours, je mange et je bois des énergies fossiles sans le savoir, car ma nourriture est produite grâce à des engrais fabriqués à partir de gaz. Et la station d'épuration qui alimente en eau mon robinet consomme aussi de l'énergie. Quand je regarde autour de moi, tous les objets ont été fabriqués dans des usines qui tournent au pétrole ou au charbon, et ils ont parfois fait le tour du monde dans la soute d'un bateau ou d'un avion avant d'arriver chez moi.

Nos besoins en énergie sont partout. D'ailleurs, dès que le marché de l'énergie tousse, nous nous enrhumons. Il n'y a qu'à voir les conséquences de l'augmentation alarmante des prix du pétrole, du gaz et de l'électricité à la suite de la guerre en Ukraine. Factures de chauffage en hausse, augmentation du prix de l'essence et de l'alimentation, inflation, etc. Alors, que se passerait-il si nous faisions face, dans les années à venir, à un déclin de l'approvisionnement en pétrole, notre première source d'énergie? Comment cela affecterait-il notre économie et notre mode de vie? Cela serait-il une bonne nouvelle pour le climat? Et pourrait-on vraiment compenser avec d'autres sources d'énergie?

***Audrey Boehly*. L'énergie est-elle une drogue à laquelle nous sommes tous accros sans le savoir?**

Matthieu Auzanneau. Je préfère utiliser l'analogie du système sanguin. Les vecteurs d'énergie qui circulent dans les pipelines, les gazoducs et les câbles électriques apportent les nutriments nécessaires à l'organisme technique que nous formons en tant que société moderne, à chacune de ses cellules, de ses organes vitaux. Si vous manquez de sang, vous tombez en syncope. Le pétrole est le sang de la société. Se projeter dans un monde sans pétrole, cela signifie réussir une opération à cœur ouvert et changer le système sanguin ainsi que l'organisation des organes vitaux.

J'aimerais revenir sur l'origine de cette énergie abondante qui fait aujourd'hui fonctionner notre société. Comment se sont formées les réserves de charbon, de pétrole et de gaz ?

On parle d'énergies fossiles, car elles ont été produites par la transformation très lente d'organismes vivants pendant les temps géologiques. Pour le charbon, ce sont des forêts, du bois, des feuilles, des graminées qui ont été piégés dans des couches sédimentaires et cuits à l'étouffée, en quelque sorte, pendant des millions d'années. Le mécanisme est très similaire pour le pétrole et le gaz. Les hydrocarbures sont issus de la transformation de micro-organismes marins.

De quelle manière utilise-t-on ces énergies aujourd'hui ?

On les brûle, tout simplement. Ce sont des énergies carbonées ; autrement dit, leur combustion produit de l'eau, de la vapeur d'eau et du CO_2 qui est à l'origine du problème climatique. Au cours de cette réaction chimique, une quantité d'énergie faramineuse et gratuite est libérée, énergie qui est présente dans la structure même de la molécule offerte par les transformations naturelles.

L'utilisation de ces énergies fossiles date des débuts de l'ère industrielle, ce qui est très récent à l'échelle de l'histoire de l'humanité. Comment faisait-on avant cela ?

L'utilisation des énergies fossiles est même ce qui marque la naissance de la révolution industrielle. La révolution industrielle, ce n'est pas le progrès technique : on savait faire des montres à complications extrêmement sophistiquées à l'époque de François Ier. Ce qui caractérise la révolution industrielle, ce qui permet à cette nouvelle organisation sociétale d'éclore, c'est la libération de l'énergie fossile au cours du XIXe siècle. D'abord, celle issue du charbon, puis, celle provenant des hydrocarbures – le pétrole et le gaz naturel ayant surpassé le charbon à partir de 1945. Comment faisait-on avant? On fonctionnait à 100% aux énergies renouvelables. Nous utilisions les moulins à eau, la marine à voile, le soleil pour sécher les récoltes. Les sources d'énergie provenaient du soleil, du vent et de l'eau.

Nous n'avons jamais consommé autant d'énergie qu'aujourd'hui. Quelle a été l'augmentation depuis cinquante ans?

On consomme environ deux fois et demie plus d'énergie qu'il y a cinquante ans. Il est intéressant de constater qu'on a empilé ces différents types d'énergies. On n'a jamais consommé autant de charbon et de pétrole qu'actuellement. Jusqu'à présent, nous n'avons en réalité jamais fait de transition énergétique. Cela souligne l'ampleur du problème posé aujourd'hui lorsqu'on parle de sortir des énergies fossiles d'ici une génération.

Pourtant, dans l'imaginaire collectif, le charbon a remplacé le bois, le charbon a lui-même été remplacé par le pétrole, etc.

Aucune énergie n'en a remplacé une autre, pas plus que la télévision n'a remplacé la radio. Nous n'avons jamais cessé d'accroître notre consommation énergétique. Pour consommer deux fois et demie plus d'énergie que nos parents, on se doute bien qu'il a fallu faire feu de tout bois.

Peut-on dire que la croissance économique est proportionnelle à l'énergie que l'on consomme?

À peu près, oui. Là encore, cela montre la difficulté du problème posé. Croissance économique et consommation d'énergie ont évolué dans des ordres de grandeur très similaires. C'est même l'une des relations les plus stables dans le chaos de l'activité économique. Il faut s'y attarder une seconde. Car, en réalité, peut-être que nous parlons ici strictement de la même chose. Lorsqu'on évoque la croissance de l'activité économique, on sous-entend une croissance des transformations : on se déplace plus, on se chauffe plus, on transforme plus de choses. Et qu'est-ce que l'énergie? C'est une grandeur physique qui mesure le changement. En économie, c'est la capacité de systèmes et systèmes énergétiques à déplacer, transformer, refroidir, réchauffer, etc.

Si nous continuions sur la tendance actuelle, avec plus de croissance économique, plus de production, plus de transformations, de quelle quantité d'énergie aurions-nous besoin dans cinquante ans?

Nous aurions besoin d'une quantité proportionnelle à l'activité économique, aux gains d'efficacité près. En améliorant les procédés techniques, nous déformons légèrement cette relation très étroite entre consommation d'énergie et activité économique. Mais ces gains d'efficacité sont très lents. Les hommes et les femmes de l'art, les ingénieurs, ont rarement réussi à obtenir des gains spectaculaires. Il n'y a donc aucune raison que plus de croissance économique nécessite à l'avenir moins d'énergie. C'est le problème posé par la notion de croissance verte. Peut-être qu'en réalité, la croissance verte est juste une vue de l'esprit.

Si je résume, une poursuite de la croissance demanderait inévitablement plus d'énergie. Or, comme vous le documentez dans votre dernier livre, nous allons plutôt vers une réduction de l'approvisionnement en pétrole, notre première source d'énergie.

C'est un sujet dont on ne parle pas. Nous ne nous rendons pas compte à quel point nous sommes en train de scier la branche sur laquelle nous sommes assis. Les réserves d'énergies fossiles sont tarissables, car elles existent en quantité finie sur notre planète, comme toutes les ressources minérales. Pour l'une d'entre elles, il est bien documenté que nous sommes tout proches du point de bascule :

c'est le pétrole. Un certain nombre de signaux montrent que nous sommes au maximum de la production mondiale. Il est peut-être encore possible de l'augmenter un peu. Mais, compte tenu des faibles découvertes de nouveaux gisements depuis des décennies, il y a raison de s'attendre à des contraintes de plus en plus sensibles sur les approvisionnements de ce qui constitue encore, malheureusement, notre première source d'énergie.

L'Agence internationale de l'énergie a d'ailleurs signalé que nous avons dépassé le pic de production de pétrole conventionnel en 2008.

Le pétrole conventionnel, c'est le pétrole roi. Il constitue les trois quarts de la production mondiale. C'est le pétrole conventionnel que l'on trouve sous forme liquide, dans des formations géologiques que l'on appelle les roches réservoirs. Jusqu'à une date récente, il constituait la quasi-totalité de la production mondiale de pétrole. Pour cette ressource, la messe est dite. Cela fait plus d'un demi-siècle - depuis le milieu des années 1960 précisément - que les pétroliers découvrent de moins en moins de pétrole conventionnel. Par un calcul mathématique, en considérant le niveau de consommation et celui des réserves, il est assez facile de savoir à partir de quel moment les stocks mondiaux de pétrole ne suffiront plus à alimenter nos pompes à essence. Ce diagnostic avait d'ailleurs été fait bien avant 2008, date à laquelle le pic de la production mondiale de pétrole conventionnel a été franchi, vraisemblablement de manière irréversible. Cette date de 2008 avait été annoncée dix ans à l'avance par Colin Campbell et Jean Laherrère, des pétrogéologues de très haut niveau dont la carrière a consisté à évaluer les stocks mondiaux de pétrole. Et c'est exactement ce qu'il s'est passé. Des prédictions aussi exactes sont assez rares en économie. Or ici, nous ne sommes pas face à un problème économique mais à un problème physique et, qui plus est, assez rudimentaire lorsqu'on a accès à de bonnes données. On parle de limites physiques quantifiables, comme le mettait en avant le rapport Meadows.

L'accès à de nouvelles zones d'exploration, comme l'Arctique ou les grandes profondeurs marines, pourrait-il changer la donne ?

Nous n'avons pas encore fait complètement le tour de la planète pétrole, mais cela fait quand même un siècle et demi que nous cherchons de manière systématique, avec des méthodes et des outils qui n'ont jamais été aussi performants. De plus, nous n'avons jamais investi autant d'argent dans la recherche de pétrole que durant ces dix dernières années. Et pourtant, lorsqu'on additionne les découvertes – par exemple, dans le golfe de Guinée ou en Arctique –, elles n'ont jamais été aussi faibles.

D'autres types de pétrole, dits non conventionnels, pourraient-ils compenser dans la durée le déclin du pétrole classique ?

La question est bien posée, car tout l'enjeu est de savoir combien de temps la baisse du pétrole conventionnel pourra être compensée. Il y a eu un essor spectaculaire des pétroles non conventionnels. On parle essentiellement des sables bitumineux au Canada – du bitume très lourd qui demande beaucoup de transformations pour obtenir du carburant. Et puis il y a le pétrole de schiste, qui a connu un boom impressionnant ces dix dernières années aux États-Unis, et dont les volumes ont plus que compensé le déclin de la production de pétrole conventionnel. Mais pour combien de temps? Car le pétrole conventionnel, ce sont les bons gros fruits mûrs que nous avions à portée de main, les plus faciles à récolter. Au contraire, pour aller chercher le pétrole de schiste[2], il faut utiliser la fracturation hydraulique, c'est-à-dire casser la roche pour le libérer. Quant aux sables bitumineux, on les trouve dans des carrières dont on extrait d'énormes quantités de sable qu'il faut ensuite séparer du bitume[3] en réchauffant. On comprend bien que ce ne sont pas vraiment des pétroles de premier choix. Nous nous sommes mis à extraire les pétroles non conventionnels non pas par

2 Il s'agit d'un pétrole léger contenu dans les roches poreuses, comme le grès ou le schiste.

3 Le bitume est une forme semi-solide de pétrole brut.

choix, mais par nécessité. Car ces pétroles partagent la caractéristique d'être plus compliqués d'accès.

Plus compliqués d'accès, cela veut dire, j'imagine, qu'ils sont plus chers à exploiter et plus énergivores à produire.

Plus chers et surtout plus difficiles à produire en grande quantité d'un point de vue industriel. Il faut s'imaginer une course sur un tapis roulant sur lequel il serait de plus en plus difficile de se maintenir. Pour exploiter des sables bitumineux ou pour aller chercher du pétrole à très grande profondeur dans les océans, cela suppose des équipements industriels très voraces en matériaux et en énergie. Par conséquent, le retour sur investissement énergétique – la quantité d'énergie que vous devez utiliser pour récupérer une certaine quantité d'énergie – se dégrade constamment. Autrement dit, il faut de plus en plus d'énergie pour produire de l'énergie.

Les chiffres parlent d'eux-mêmes : il fallait 2 à 3 barils de pétrole pour produire 100 barils de pétrole conventionnel issus des champs pétrolifères d'Arabie saoudite. Il en faut désormais 10 à 15 pour extraire 100 barils de pétrole offshore. Et l'on a besoin de 1 baril pour en produire 3 à partir des sables bitumineux du Canada.

Cela montre bien qu'il faut dépenser de plus en plus d'énergie pour en extraire de moins en moins. Le cas extrême, ce sont les agrocarburants. Ces carburants d'origine agricole réclament presque autant d'énergie pour leur production qu'ils n'en contiennent. Et au passage, vous privez l'humanité de terres fertiles pour se nourrir.

A-t-on une idée du moment où l'on pourrait atteindre le pic pétrolier global ?

Il est bien possible que nous l'ayons atteint, à quelques années près. La responsable de la stratégie chez Total – et elle n'est pas la seule – a déclaré qu'il risque de manquer un dixième de la production mondiale de pétrole à l'horizon 2025. C'est-à-dire demain, à l'échelle du temps industriel. On peut se dire qu'un dixième, ce n'est pas si grave. Mais imaginez que votre système sanguin soit privé d'un dixième de son volume, vous n'allez pas pouvoir faire exactement la même chose, vous serez fatigué. Les chocs pétroliers des années 1970, qui ont eu un rôle très important dans l'essor du chômage de masse et du déclin de l'industrie en Occident, ont été provoqués par des déficits bien moindres.

Pourquoi n'en entend-on pas parler ?

Nous allons en entendre parler de plus en plus. La mer du Nord, par exemple, qui est notre source principale à nous, Européens de l'Ouest, est en déclin depuis maintenant plus de vingt ans. C'est un phénomène géologique irrémédiable. Le maximum de la production a été atteint en l'an 2000 et depuis, celle-ci a diminué de moitié. On voit que cela peut aller très vite. L'Europe, qui pourtant se pose en championne du climat, demeure avec la Chine la plus grande importatrice mondiale de pétrole. Que notre seule source domestique soit en déclin devrait être une raison suffisante pour accélérer la sortie du pétrole, même en dehors de la question climatique. La crise actuelle des prix du gaz et du pétrole est particulièrement aiguë en Europe, car nos besoins sont toujours très importants et nos sources domestiques de moins en moins productives.

Un pic pétrolier global conduirait-il inévitablement à ce que l'on pourrait appeler un « pic de tout », d'extraction de matières premières, mais aussi de production et de consommation ?

Le pétrole étant indispensable pour extraire les métaux et toutes les matières premières dans le monde, si nous avons une contraction de son approvisionnement, cela va poser des soucis pour maintenir la production. Nous pourrions utiliser d'autres sources d'énergie, me direz-vous. Ce serait négliger un élément fondamental dans le diagnostic. Pourquoi le pétrole est-il la première source d'énergie mondiale ? Tout simplement parce qu'il n'y en a pas d'autres qui cumulent autant de qualités pratiques. Autrement dit, le pétrole est notre première source d'énergie en quantité mais aussi en qualité. Cela signifie que toutes les solutions substitutives – que ce soit les éoliennes, les barrages, les centrales nucléaires – sont plus compliquées, et donc plus difficiles à mobiliser pour maintenir le même niveau de consommation énergétique. Quand on parle de sortir du pétrole, que ce soit de gré, à cause du changement climatique, ou de force, à cause des limites géologiques, on aboutit à la même conclusion : il va falloir consommer moins d'énergie.

Pourquoi le pétrole est-il la source d'énergie la plus efficace ?

Imaginez un litre de pétrole. Je l'ai stocké dans un bidon et posé dans un coin de la pièce. Je reviens dans un siècle : si j'ai bien fermé le bouchon, sa composition chimique n'a pas bougé. Je peux alors le brûler et dégager exactement la même quantité d'énergie que j'en aurais tirée aujourd'hui. C'est une source d'énergie qui cumule ce que l'on appelle des fonctions de stock et de flux. Ce n'est pas le cas de l'électricité, par exemple. Si je dispose d'une batterie chargée, je n'ai pas besoin d'attendre un siècle, ni même un an, pour qu'elle soit déchargée. Les énergies renouvelables, elles, sont dépendantes du vent ou du soleil. Le pétrole a aussi des avantages en comparaison avec les autres énergies fossiles. Il est liquide, alors qu'il faut pelleter le charbon, qui est lourd à transporter, et le gaz, lui, ne se stocke pas aussi facilement. Une autre qualité extraordinaire du pétrole est sa densité énergétique : pour un volume donné, il contient comparativement une grande quantité d'énergie. Il n'y a pas d'autre source d'énergie équivalente, à part l'uranium – mais il ne suffit pas d'un briquet pour extraire l'énergie qu'il contient. Autre élément intéressant : nous savons fabriquer beaucoup de choses à partir des molécules d'hydrocarbures issues du pétrole, comme du plastique, des textiles, des médicaments, des colles, des enduits, des lubrifiants, etc. C'est fou tout ce qu'on peut faire avec cet or noir offert par la nature.

Est-ce que moins de pétrole, ce ne serait pas finalement une bonne nouvelle pour le climat?

Cela dépend si c'est subi ou anticipé. Si c'est subi, ce sera une catastrophe, et cela n'empêchera même pas le désastre climatique. Beaucoup de guerres ont été déclenchées au cours du XXe siècle pour l'accès à l'énergie en général, et au pétrole en particulier, alors même que la ressource était abondante. Que se passera-t-il le jour où elle le sera moins, mais que nous en aurons toujours autant besoin? C'est quand même la promesse d'un chaos très préoccupant. Nous ne comprenons pas que l'une des raisons qui rend nécessaire la transition énergétique, c'est la préservation de la paix. C'est déjà pour moi un élément suffisant, même si ce n'est pas le seul.

Pourquoi le pic pétrolier ne suffirait-il pas à résoudre le problème climatique?

Pour deux raisons. Premièrement, selon toute vraisemblance, le déclin de la production mondiale de pétrole sera suffisamment rapide pour que l'on ressorte les fusils, mais pas assez pour nous prémunir contre le changement climatique. Deuxièmement, il y a des substituts fossiles, certains même plus carbonés, comme le charbon. Il ne faut pas oublier que depuis les premiers accords sur le climat en 1997, le charbon est la source d'énergie qui s'est le plus développée. Et il y en a encore beaucoup sur Terre.

Qu'en est-il du gaz? On en parle comme d'une énergie de transition, pourtant, c'est une énergie fossile, qui émet aussi du CO_2.

À quantité d'énergie consommée équivalente, le gaz en émet un peu moins que le pétrole, et beaucoup moins que le charbon. Mais les objectifs climatiques stipulent qu'il faut aussi sortir du gaz fossile. Et puis, n'oublions pas qu'il y a également des limites en ressources gazières. La production en mer du Nord est en déclin. Pourquoi? Parce que bien souvent, le gaz et le pétrole sont extraits des mêmes formations géologiques. Ils sont généralement mélangés dans une roche réservoir qui contient des hydrocarbures à la fois sous forme liquide et gazeuse.

Si l'on s'attaquait au problème climatique en planifiant la sortie des énergies fossiles, cela permettrait-il d'éviter le pire ?

Oui, voilà pourquoi il faut un plan. C'est ce à quoi nous travaillons à The Shift Project. Nous avons d'ailleurs publié le *Plan de transformation de l'*économie française[4]. J'aime bien utiliser la métaphore de la navigation : nous sommes en train de dériver vers les récifs, un changement de cap important s'impose, mais il ne peut pas se faire si nous ne savons pas dans quelle direction nous souhaitons nous diriger, ni comment y aller. Si nous n'avons pas de plan de navigation, nous allons continuer à dériver vers les récifs et, tôt ou tard, notre bateau finira en épave. Le syndrome du *Titanic* est la meilleure image. De nombreux paquebots de croisière de luxe ont évité des icebergs. Ils ont établi un plan de navigation qui leur a permis d'éviter le naufrage. Je ne crois pas que nous soyons face à quelque chose d'inexorable. Il faut reprendre notre destin en main.

Pour résumer, même si nous réussissons parfaitement la transition énergétique, nous allons vivre dans un monde avec de moins en moins d'énergie disponible. Comment faire pour s'adapter à ce nouveau paradigme ?

La planification doit intégrer le fait que l'on ne pourra pas maintenir la consommation d'énergie mondiale à son niveau actuel. Nous sommes au sommet d'une montagne, il faut maintenant descendre dans une nouvelle vallée et trouver une autre façon d'y vivre. Reprenons l'analogie comparant le système pétrolier au système sanguin, qui alimente les organes vitaux que sont l'agriculture, l'industrie, le système de santé, etc. Désormais, il faudra alimenter ces organes différemment et

4 The Shift Project, *Climat, crises : le plan de transformation de l'économie française*, Odile Jacob, 2022.

en quantités plus restreintes. Différemment, parce qu'il nous faut d'autres sources d'énergie. En quantités plus restreintes, car on ne sait pas produire autant d'énergie qu'avec le pétrole. Cela en préservant ce qui permet à notre société de rester en paix, c'est-à-dire en s'assurant que la plupart d'entre nous – en tout cas dans nos sociétés occidentales développées – continuent à ne pas avoir froid la nuit, à manger à leur faim, à bénéficier d'un système de santé et de la capacité d'aller et venir à leur guise. Pour cela, il faut réfléchir à la manière de réorganiser ces organes vitaux afin qu'ils soient beaucoup plus sobres en énergie. Il va falloir effectuer des changements qui, selon moi, sont pour la plupart désirables. Se dire, par exemple, que l'on va se déplacer moins vite, et peut-être moins loin, et que si l'on va loin, on restera sur place plus longtemps. Prendre le train pour l'Asie, y passer un an et faire cela une fois dans sa vie peut être une expérience au moins aussi exaltante que d'aller une semaine au Club Med à l'autre bout de la planète. Il y a des choses auxquelles il va falloir renoncer. Mais les contreparties peuvent être vraiment désirables. Le fait de se maintenir en forme, par exemple, lorsqu'on utilise un vélo plutôt qu'une voiture. Le fait d'avoir moins de maladies cardiovasculaires en mangeant moins d'aliments gras et de viande. Il ne s'agit pas nécessairement d'une dégradation. C'est un équilibre plus pérenne où nous monopolisons moins les ressources, en les partageant un peu plus avec la nature et avec ceux qui fabriquent à l'autre bout du monde les produits que nous consommons.

Cette planification doit donc aussi avoir comme ambition une meilleure répartition des ressources, afin de réduire les inégalités. Vous l'avez dit, nous avons peut-être déjà atteint le pic énergétique. Est-il encore temps d'agir pour mettre en place cette planification et ces changements de mode de vie ?

Oui, bien sûr. Par contre, il faut s'y atteler sérieusement. On a perdu une génération, peut-être deux depuis l'époque du rapport Meadows. J'espère qu'aujourd'hui nous sommes en train d'ouvrir les yeux. Je suis un ancien fumeur et je connais bien cette période confuse, contradictoire, où l'on se dit : «Il faut vraiment que j'arrête... mais il ne me reste que deux cigarettes, où y a-t-il un tabac d'ouvert?» Ce n'est qu'une étape. Je vois ça comme une crise d'adolescence. Certaines se terminent très mal, mais ce n'est pas le cas de toutes.

CHAPITRE 8

MÉTAUX : CREUSER, MAIS JUSQU'OÙ ?

Entretien avec Philippe Bihouix, ingénieur centralien, spécialiste des ressources non renouvelables et auteur de plusieurs essais, dont *Quel futur pour les métaux ?*[1] et *L'Âge des low-tech*[2].

1 Philippe Bihouix et Benoît de Guillebon (dir.), *Quel futur pour les métaux ? Raréfaction des métaux : un nouveau défi pour la société*, EDP Sciences, 2010.

2 Philippe Bihouix, *L'Âge des low-tech. Vers une civilisation techniquement soutenable*, Points, 2021 [Seuil, 2014].

«Si l’on poursuit les taux de croissance actuels,
on extraira ces trente prochaines années plus de métaux
que pendant toute l’histoire de l’humanité.»

Philippe Bihouix

Avec la diminution à venir des ressources pétrolières, et malgré la transition énergétique, nous allons bientôt devoir vivre dans un monde avec moins d'énergie disponible. Moins d'énergie pour nous chauffer, nous déplacer, fabriquer et transporter les biens que nous consommons. Moins d'énergie aussi pour creuser le sol et en tirer les ressources minières dont nous avons besoin pour nos objets high-tech, mais également pour fabriquer les éoliennes et les panneaux solaires sur lesquels repose en partie la transition énergétique. Nous sommes de plus en plus dépendants de ces métaux que nous allons chercher toujours plus profond dans le sol. Le téléphone fixe de ma grand-mère contenait une douzaine de métaux différents. Il en fallait une trentaine pour fabriquer mon premier mobile, acheté dans les années 1990. Aujourd'hui, il n'y a pas moins d'une cinquantaine de métaux dans mon smartphone.

On nous parle d'une croissance verte qui s'appuierait sur le développement de nouvelles technologies plus efficaces et plus économes en énergie, d'une évolution vers un monde toujours plus high-tech et dématérialisé qui apporterait des solutions à la crise écologique. Mais est-ce vraiment le cas? Combien de temps pourrons-nous extraire du sol les minerais dont nous avons besoin pour la révolution numérique et énergétique que l'on nous promet?

***Audrey Boehly.* On considère le smartphone comme le symbole du progrès et d'une société dématérialisée. En 2018, 1,5 milliard de smartphones ont été vendus. Plus de smartphones est-il vraiment synonyme de plus de dématérialisation ?**

Philippe Bihouix. Un téléphone ne fonctionne que grâce à un réseau auquel on peut se connecter. La box Wi-fi ou l'antenne 4G ou 5G est reliée à des répartiteurs, des routeurs. Le signal emprunte des câbles transocéaniques, et les données sont stockées dans des *data centers*. On vit dans un monde qui n'a jamais été aussi matériel, simplement cette matérialité se cache en partie dans des entrepôts, des endroits qu'on ne visite pas, ou bien à l'autre bout du monde. Parfois nous l'avons devant les yeux, mais nous y sommes tellement habitués que nous n'y prêtons pas attention.

Un smartphone ne pèse que quelques centaines de grammes, mais beaucoup de matières premières sont nécessaires pour le fabriquer.

Cela mobilise de nombreuses matières différentes, mais aussi beaucoup de transformations qui s'opèrent dans des usines chimiques, des raffineries, etc. La notion de sac à dos écologique[3] permet de mettre en lumière toute la matérialité de nos objets. Dans le numérique, c'est particulièrement flagrant, car ce sont des objets que l'on a cherché à miniaturiser. Or, plus un objet est miniature, plus la quantité de déchets et d'énergie consommée est très forte en proportion. Si l'on inclut à la fois les déchets miniers et les énergies fossiles nécessaires à sa fabrication, on s'aperçoit que notre téléphone pèse en réalité plusieurs dizaines de kilos.

Une étude[4] de l'Agence de l'environnement et de la maîtrise de l'énergie (Ademe), montre qu'il faut 2 tonnes de matières premières pour fabriquer un micro-ondes, et 2,5 tonnes pour une télévision. C'est colossal. Comment est-ce possible ?

On compte les résidus miniers des métaux utilisés. On les extrait de minerais dont les concentrations, résultats de différents processus géologiques, sont très variables. Par exemple, dans 1 tonne de minerai de fer, on trouve entre 400 et 600 kilos de fer. De 1 tonne de minerai d'aluminium, on peut extraire 200 kilos d'aluminium. Mais pour certains métaux plus rares d'un point de vue géologique, les taux sont beaucoup plus bas. Ainsi, une mine de cuivre qui ouvre aujourd'hui est typiquement à 0,5 % de concentration. Autrement dit, dans 1 tonne

3 Le sac à dos écologique d'un produit correspond au poids caché de l'ensemble des ressources naturelles (minerai, énergie, eau…) nécessaires à sa fabrication.

4 Ademe, *Modélisation et évaluation des impacts environnementaux de produits de consommation et biens d'équipement*, 2018.

de minerai, on trouve seulement 5 kilos de cuivre. Et dans une mine d'or, on obtient de 1 à 5 grammes d'or pour 1 tonne de minerai. Revenons à la télévision et au micro-ondes. S'ils contiennent 100 grammes de cuivre, il faut multiplier cette quantité par 100 ou 200 pour calculer leur sac à dos écologique. On va ainsi parler de dizaines de kilos, et de centaines si l'on fait la même chose pour l'ensemble des matières premières. À cela, il faut ajouter la quantité d'énergie consommée pour leur fabrication, ou plus exactement le poids des litres de pétrole ou des mètres cubes de gaz. On ajoute aussi souvent l'eau. Certes, elle est pompée puis rejetée dans le milieu naturel. Mais la rejette-t-on aussi propre qu'on l'a prélevée? Ce n'est pas toujours le cas, même dans un pays comme la France. Pour fabriquer une puce électronique, par exemple, on a besoin d'une grande quantité d'eau très pure, car les processus chimiques de déposition des différents produits en consomment beaucoup.

Il y a une course technologique pour offrir toujours plus de fonctionnalités, par exemple des écrans de meilleure définition sur nos téléphones, une meilleure qualité photo... Chaque fois que l'on rend nos objets plus performants, j'imagine que l'on augmente le besoin en matières premières?

Effectivement, plus on ajoute de l'équipement, plus il y a de chances que soit utilisée une diversité de métaux. On entend dire que le smartphone, aux fonctions multiples – appareil photo, caméscope, réveil, etc. –, irait dans le sens d'une consommation réduite de matières premières. Mais ce n'est pas le cas. En réalité, le smartphone n'a pas tout remplacé. Et du fait que l'on souhaite toujours avoir le dernier objet à la mode, on a tendance à en changer très vite. Donc, globalement, notre consommation matérielle n'est pas freinée par le progrès technologique, tant s'en faut.

L'extraction minière nécessaire pour fabriquer nos objets électroniques a de nombreux impacts écologiques. Quels sont-ils ?

L'exploitation minière et les procédés minéralurgiques et métallurgiques font partie des activités humaines les plus polluantes. Pourquoi? Globalement, cela consiste à creuser des trous en utilisant des explosifs et des engins très gourmands en énergies fossiles. On vient aussi perturber le cycle de l'eau, faire du bruit, produire de la poussière. Les résidus miniers contiennent encore un peu de métaux, souvent dangereux. Pour traiter le minerai, on utilise des acides ou des solvants, et on produit des rejets. Un reportage sur l'exploitation des terres rares en Chine a d'ailleurs beaucoup défrayé la chronique. On recourt aussi au mercure et au cyanure pour exploiter l'or en Guyane ou au Brésil. On observe des accumulations de ces produits chimiques dans la chaîne alimentaire. Il y a assez peu d'études épidémiologiques, car les pays concernés ne sont pas forcément en capacité de se les payer. Mais globalement, les impacts sont extrêmement nombreux. Avant d'extraire une matière première, posons-nous la question : a-t-on une vraie nécessité de le faire?

Il y a aussi la problématique du travail des enfants dans certaines mines.

On parle ici de l'Afrique des Grands Lacs, en particulier l'est de la République démocratique du Congo où l'on trouve de l'or, du tantale, de l'étain ou du tungstène. Des rapports de l'ONU et de la Banque mondiale rapportent l'exploitation d'enfants dans un certain nombre de cas, en particulier dans ces mines informelles du Congo.

Pour limiter l'impact environnemental et social dont nous venons de parler, il faudrait, par exemple, changer de téléphone beaucoup moins souvent.

La première chose à faire est d'éviter de consommer. C'est beaucoup plus efficace que l'écoconception ou le recyclage. Plusieurs raisons font que l'on change souvent de téléphone. La première est l'obsolescence des désirs, l'obsolescence marketing. On achète rarement un nouveau smartphone parce que l'ancien est en panne, mais parce qu'on a envie d'en changer et que des offres permettent de le faire à moindre coût. Autre possibilité : le téléphone se met à «ramer», car sa puissance ne suffit plus à faire tourner les applications. Enfin, il y a la panne technique, car ces objets ont un certain nombre de fragilités, et parfois une capacité limitée à être réparés. Cela pose la question des industriels qui rendent les appareils plus ou moins faciles à démonter. Et celle de la disponibilité des pièces de rechange et de la durée de vie technique des objets. Mais tout cela arrive bien loin derrière l'obsolescence marketing. Il faudrait des objets qui soient plus facilement réparables, que l'on maîtrise mieux technologiquement. Et que cela nous donne envie de les conserver plus longtemps. Il y a un siècle, les ouvriers qualifiés transmettaient leurs outils à la génération suivante. On n'en est pas vraiment là avec l'électronique.

On attend beaucoup du recyclage. Qu'en est-il réellement pour nos téléphones ?

D'abord, beaucoup restent dans les tiroirs et n'atteignent pas les chaînes de recyclage. Ensuite, sur cette question, la France est plutôt bien placée, car nous avons signé la convention de Bâle, qui interdit l'exportation de déchets dangereux. En théorie, nous devrions donc gérer tous nos déchets sur place. Il se trouve que, malgré tout, on en retrouve en Afrique de l'Ouest, au Pakistan, en Chine, où ils sont traités de manière informelle[5]. Dans ce dernier cas, cela est synonyme de métallurgie bas de gamme pour récupérer l'or du microprocesseur, les câbles de cuivre et éventuellement une ou deux autres choses. Pourquoi ne récupère-t-on pas tout? Parce que ce n'est pas rentable, ni économiquement ni technologiquement. Quand, pour miniaturiser, de toutes petites quantités de métaux ont été mélangées – on parle de milligrammes parfois, voire moins –, il est très compliqué de les séparer.

---

5 Le traitement formel des déchets est celui réalisé par des opérateurs, publics ou privés ; le traitement informel correspond au tri réalisé manuellement dans les décharges.

Résultat, dans la filière de recyclage, on sépare la batterie, l'écran, puis on broie et on passe le tout dans des fours. Ensuite, on réalise un certain nombre d'opérations chimiques et métallurgiques pour récupérer les métaux qui valent le coup. Mais beaucoup ne seront pas recyclés et seront soit mis en décharge, soit « valorisés » sous forme d'une sous-couche routière par exemple. Sur la soixantaine de métaux que nous utilisons, une trentaine ne sont quasiment pas recyclés à l'échelle mondiale.

On utilise des métaux dans un grand nombre de produits. Lesquels ?

On retrouve des métaux absolument partout. D'abord dans le secteur du bâtiment et des travaux publics : dans les voiries, les réseaux, les infrastructures, etc. Le deuxième grand consommateur est le secteur des transports, pour la fabrication des voitures, des camions, des avions, des bateaux ou des trains... Viennent ensuite les objets du quotidien, notamment l'électronique grand public, mais pas seulement. Il y a des métaux partout : dans le dentifrice, le papier, les médicaments ou les cosmétiques. Une partie de ces usages ne sont pas visibles, car on n'utilise pas les métaux uniquement sous leur forme métallique, mais aussi sous une forme chimique pour servir de colorants et d'additifs. Sous cette forme-là, ils sont d'ailleurs difficilement récupérables.

A-t-on beaucoup augmenté notre consommation de métaux ces dernières décennies ?

Oui, dans des proportions énormes pour de nombreux métaux, en particulier ceux utilisés dans les nouvelles technologies. En quinze ans, la consommation mondiale annuelle de cobalt, par exemple, est passée d'environ 30000 tonnes à 140 000 tonnes. Et on nous prédit une croissance exponentielle à l'avenir. Les taux de croissance pour les métaux sont bien supérieurs au PIB : selon les cas, on atteint de 3% à 7% par an.

Nous continuons de produire toujours plus, d'aller vers davantage de numérisation, et nous avons besoin d'accélérer fortement

le développement des énergies renouvelables. Quelles sont les prévisions de consommation de métaux dans les prochaines décennies?

Si l'on poursuit les taux de croissance actuels, on extraira ces trente prochaines années plus de métaux que pendant toute l'histoire de l'humanité. C'est sans compter l'accélération prévue dans le cadre de la transition énergétique. Toutes les grandes institutions - l'OCDE, la Banque mondiale, l'Agence internationale de l'énergie - ont publié leur rapport sur l'intensité métallique des technologies de la transition énergétique. Les différents scénarios dépendent du type d'éoliennes et de panneaux solaires, mais globalement, cela augmente la demande en métaux. C'est assez logique, car il s'agit d'énergies moins concentrées, plus variables et plus intermittentes. Par conséquent, cela nécessite des installations plus importantes. Il y a aussi la question des dispositifs de stockage, des réseaux qu'il faut adapter, car on ne va pas produire l'énergie aux mêmes endroits qu'aujourd'hui. Tout cela provoque une très forte accélération des besoins. Dans certains cas, on va devoir multiplier par 10, 20, 30 - ou même 60 pour le lithium - la quantité à extraire annuellement par rapport à aujourd'hui.

Nous atteignons, semble-t-il, un pic pétrolier. Va-t-on aussi devoir faire face à un pic d'extraction pour les métaux?

Nous aurons à faire face à un pic de production pour l'ensemble des métaux pour des raisons physiques. Quand vous considérez une quantité finie de ressources, la production passe forcément par un pic avant de redescendre. C'est inéluctable. La question est de savoir quand ces limites seront atteintes en fonction de la quantité disponible au départ et des paramètres techniques et économiques. Pour les métaux, il est important de prendre en compte le lien avec le pic pétrolier. Car l'extraction minière est dépendante du pétrole. Il n'y a qu'à voir les camions utilisés, dont la charge utile avoisine 300 tonnes. On a besoin d'énergie fossile pour extraire les métaux. À peu près 10% de l'énergie primaire mondiale est consacrée à leur extraction et leur raffinage.

Inversement, sans métaux, on n'a pas de pétrole. Car pour exploiter ce dernier, il faut un trépan fait de carbure de tungstène, une plateforme, des hélicoptères, des bateaux et des pipelines, des raffineries, etc. Tout cela réclame beaucoup de métaux. Environ 5% de l'acier produit dans le monde est utilisé par l'industrie pétrolière. Il y a un lien très étroit entre ces deux secteurs, ils sont interconnectés. Et cela nous entraîne dans un cercle vicieux : il va nous falloir de plus en plus de pétrole pour extraire des minerais qui sont de moins en moins concentrés ou situés de plus en plus en profondeur. Au départ, on extrayait les matériaux avec des ânes et des pioches, on est donc allé chercher ce qui était le plus accessible. Au fur et à mesure, la concentration a diminué et on est descendu en profondeur, ce qui réclame toujours davantage d'énergie. Laquelle demande toujours davantage de métaux. Soit parce que le pétrole est de plus en plus difficile à extraire, soit parce qu'on augmente les énergies décarbonées, plus consommatrices.

Si je comprends bien, à un moment, la question sera de savoir si l'on dispose d'assez d'énergie pour extraire les métaux dont nous avons besoin ?

C'est exact. Nous en viendrons peut-être alors à des questions d'arbitrage énergétique. Imaginons qu'il y ait, à un moment, une contrainte énergétique forte. Se poseront alors des questions du type : se déplace-t-on moins en voiture, avec des véhicules plus petits, chauffe-t-on moins son logement, ou bien décidons-nous d'extraire moins de cuivre? Si, à ce moment-là, nous avons besoin de cuivre pour produire et transporter l'électricité, des arbitrages se feront en faveur des besoins stratégiques. D'une manière ou d'une autre, on finira par dire : «Mettez un pull et achetez de plus petites voitures.»

Pourrait-on mettre au point de nouvelles techniques d'extraction plus efficaces, qui consommeraient moins d'énergie?

Quand vous êtes un industriel producteur de cuivre, pour des questions de coût, vous avez intérêt à consommer le moins d'énergie possible, le moins de produits chimiques possible, et à produire le moins de déchets miniers possible. Mais il y a deux limites. La première est thermodynamique. Pour casser la liaison chimique d'un oxyde ou d'un sulfure métallique qu'on extrait du sol et récupérer un métal, il y a une quantité minimale d'énergie à injecter. Autrement dit, on ne pourra pas doubler ou tripler la quantité de métaux extraite tout en réduisant la quantité d'énergie nécessaire. La seconde limite est celle de la déplétion : les minerais sont de moins en moins concentrés, situés de plus en plus profond ou de plus en plus loin par rapport aux besoins de consommation, et cela augmente de toute manière l'énergie consommée.

Certains évoquent l'idée d'aller chercher des ressources métalliques au fond de l'eau ou dans l'espace, en exploitant les astéroïdes par exemple. Cela vous paraît-il réaliste ?

Extraire au fond de l'eau me paraît beaucoup plus réaliste que sur les astéroïdes. Il y a une ou deux exploitations déjà en test dans les grandes profondeurs marines. Certaines start-up prétendent aller chercher des nodules polymétalliques dans le Pacifique. Ces nodules contiennent effectivement des métaux assez intéressants comme le nickel, le cobalt, le cuivre, le manganèse. Mais il y a de nombreux métaux qu'on ne trouve pas au fond des océans. Quant aux astéroïdes, je n'y crois pas du tout pour des questions énergétiques. Je ne comprends pas l'engouement pour les annonces de Jeff Bezos, qui propose de mettre toutes les industries polluantes dans l'espace. Il n'a jamais mis les pieds dans une cimenterie ou un haut-fourneau. On ne va pas envoyer des hauts-fourneaux dans l'espace, sans parler du fait qu'ils nécessitent de l'oxygène. L'extraction sous-marine, elle, est faisable. Économiquement, je ne sais pas, mais techniquement, le matériel utilisé par l'exploitation pétrolière est disponible : les bateaux, les tuyaux pour remonter les nodules polymétalliques, etc. La vraie question concerne l'impact environnemental. Parce qu'à 4000 mètres de profondeur, il y a de la vie, qui en général se développe lentement dans ces conditions extrêmes. Malheureusement, cela revient à continuer ce que l'on fait déjà depuis longtemps : repousser les limites.

Peut-on imaginer que lorsqu'on passera le pic de tel ou tel métal, il y en aura toujours un autre par lequel le remplacer ?

C'est la grande théorie des économistes qui ont attaqué le rapport Meadows. On appelle cela la substituabilité : si une ressource est moins abondante, son prix va augmenter, ce qui va inciter les industriels à trouver des substituts. Cela pourrait même améliorer son taux de recyclage, puisqu'un produit plus cher est plus intéressant à recycler. C'est la logique des économistes qui pensent qu'il n'y a pas de contrainte, à part le délai d'une dizaine d'années entre le moment où on lance une exploration minière et la mise en exploitation. Ce décalage crée des cycles de hausse ou de baisse des prix des matières premières, mais sur le long terme, il n'y a selon eux pas de problème. En réalité, ce n'est pas tout à fait vrai. Car on ne va pas trouver si facilement un matériau qui conduit mieux l'électricité que le cuivre. On aura du mal à trouver de meilleurs catalyseurs que le platine, le palladium ou le rhodium. Il sera difficile de lutter plus efficacement contre la corrosion qu'avec le chrome et le nickel, utilisés pour fabriquer des aciers inoxydables. Il y a des limites. Comme pour le palladium contenu dans les microcondensateurs des smartphones. Certes, on peut confectionner un condensateur avec du papier buvard et de l'aluminium – c'est ce que l'on faisait dans les années 1970 –, mais c'est un peu plus gros, et ce n'est pas vraiment compatible avec la miniaturisation. Personne ne veut un smartphone de la taille d'une brique. Donc, il y a des possibilités de substitution, mais globalement, cela ne réglera pas le problème pour tous les métaux.

Pour résoudre le problème environnemental, on parle de nouvelles technologies, de green tech, de voitures électriques et d'avions « verts ». Selon vous, est-ce une solution compatible avec les réserves en ressources minières ?

On pourrait démonter chacune de ces solutions miracles. Prenons le cas de la 5G, la cinquième génération de téléphonie mobile, et le débat autour de son déploiement. On avançait qu'elle était très importante pour que les villes fassent leur transition écologique. J'aimerais qu'on m'explique en quoi la 5G va effectivement aider à réduire la quantité d'énergie consommée. En attendant, on installe la 5G tout en sachant qu'elle va consommer plus d'énergie aujourd'hui car elle s'empile sur les réseaux 2G, 3G et 4G existants. Les promesses sont pour demain ou après-demain. Jusque-là, c'est le *business as usual* qui prévaut. Ce qui me paraît le plus problématique, c'est l'effet rebond. Bien sûr, on conçoit des produits et des services de plus en plus efficaces, de moins en moins consommateurs d'énergie et de ressources, de moins en moins émetteurs de CO_2. Mais en général, cette efficacité est un facteur de compétitivité. Par conséquent, les produits coûtent moins cher et c'est ainsi qu'apparaît l'aviation low cost par exemple. Ou bien nous faisons plus de kilomètres avec notre voiture car elle consomme moins. Cet effet rebond a mille manières de se manifester. Globalement, il faut se méfier des promesses technologiques. Les solutions ne sont pas techniques, elles sont sociotechniques, et posent forcément la question des usages et des comportements.

La direction que nous prenons actuellement, celle d'une accélération de l'innovation dans l'espoir de résoudre la crise écologique, ne nous met-elle pas dans une impasse ?

Cela nous fait surtout perdre du temps. Et nous finirons par constater l'échec. On commence déjà à le faire, de COP en COP[6], au niveau international. On constate aussi la difficulté à suivre la Stratégie

6 Conférence annuelle des Nations unies sur les changements climatiques.

nationale bas carbone[7] en France. En réalité, c'est un peu compliqué à faire sans sobriété et tant que l'on consacre l'essentiel des moyens techniques, financiers et humains à ces questions technologiques. Pendant ce temps-là, on ne mobilise pas cette précieuse énergie pour développer d'autres solutions, d'autres facteurs de transformation. De mon point de vue, c'est une manière de maintenir le *statu quo*, de ne pas amorcer un virage culturel ou intellectuel. Par exemple, lorsque les entreprises du secteur aérien ont reçu de l'argent public pour faire face aux difficultés résultant de la crise sanitaire, elles ont dit : «On a des solutions technologiques comme l'hydrogène, tout va bien, on peut continuer à croître.» En réalité, ce n'est pas vrai. Les solutions ne sont pas évidentes, même si je fais confiance aux ingénieurs, aux techniciens et aux chercheurs qui travaillent sur le sujet. Pour que l'aviation devienne neutre en carbone, cela va être très compliqué. On perd du temps en fantasmant des solutions qui n'en sont pas.

Pour cesser d'aller vers un monde toujours plus technologique, que faudrait-il faire ?

Avant tout, il faudrait convoquer la question de la sobriété. La meilleure énergie est celle que nous n'utilisons pas, la meilleure ressource est celle que nous n'avons pas besoin d'extraire. C'est d'une simplicité biblique. D'accord pour passer aux voitures électriques, mais il faut le faire en réduisant considérablement le poids et la puissance des véhicules. Les grands programmes de rénovation thermique sont une bonne chose, mais il faudrait déjà se questionner sur le glissement de la température de confort qui s'est opéré en quarante ou cinquante ans dans les appartements et les bureaux. Un gisement de sobriété énorme existe aussi concernant l'électronique et Internet. C'est un secteur où la progression technologique est phénoménale, avec des gains d'efficacité réels. La 5G est bien plus efficace que la 4G pour envoyer un

7 La Stratégie nationale bas carbone (SNBC) est la feuille de route de la France pour réduire ses émissions de gaz à effet de serre. Établie en 2015, elle pose les objectifs de réduction à horizon 2030 et 2050.

octet à l'autre bout de la planète, c'est indéniable. Mais on va envoyer beaucoup plus d'octets. Et pour quelle raison, puisque l'on a déjà des résolutions vidéo qui dépassent la capacité de l'œil humain en nombre d'images par seconde ou de pixels par centimètre carré?

Dans vos livres, vous mettez en avant les low-tech comme solutions face aux limites physiques et énergétiques. En quoi cela consiste-t-il?

La low-tech est une démarche vers des biens et services plus sobres, plus faciles à réparer, plus durables, avec lesquels nous serions plus autonomes. Mais il n'y a pas de définition précise. Je prends souvent l'exemple du vélo. Il est réparable, et si je ne suis pas capable de le réparer moi-même, je sais au moins d'où vient la panne. Ce n'est pas comme une voiture bourrée d'électronique. Et pourtant, un vélo est incroyablement complexe. Il faut des usines de métallurgie pour fabriquer la chaîne, le dérailleur et les câbles de frein. On a besoin de graisse à base de pétrole, qui sort d'une raffinerie, de caoutchouc vulcanisé pour les pneus et les chambres à air. On va s'équiper de LED pour éclairer la nuit. Pour presque tous les objets, nous sommes dépendants de l'extraction minière et pétrolière et des différents types d'industrie, de manière directe ou indirecte. Il faut aller vers la plus grande simplicité possible. Mais aussi réfléchir à l'écoconception, aux matériaux choisis, à faire en sorte de ne pas mélanger des matériaux incompatibles en fin de vie, faciliter le démantèlement de l'objet, augmenter sa durée de vie. A-t-on vraiment besoin d'afficheurs électroniques sur l'électroménager? Pourquoi essaie-t-on de nous vendre le réfrigérateur qui va faire les courses tout seul alors que ce n'est sans doute pas ce dont nous avons besoin?

Faudrait-il, selon vous, revoir ce dont nous avons vraiment besoin?

Une fois que l'on a fait jouer la sobriété, il faut voir ce dont on ne souhaite pas se passer – par exemple la machine à laver, qui est quand même très utile – et fabriquer un modèle « increvable ». C'est d'ailleurs le nom d'un projet qui n'a malheureusement pas abouti[8]. Après tout, une machine à laver est essentiellement composée d'un moteur électrique, ce n'est pas très compliqué à entretenir. Il y a quelques pièces d'usure dont il faut s'assurer de la disponibilité et de l'accessibilité dans la machine, et à partir de ce moment-là, on peut faire des objets qui durent très longtemps, avec un impact environnemental fortement réduit.

La réglementation a-t-elle un rôle à jouer pour favoriser ces transformations ?

Elle a un rôle majeur à jouer. On avance souvent qu'il y a déjà trop de réglementations, qu'il faut « libérer les énergies » et laisser faire le marché. Au contraire, je pense que ce n'est pas le consommateur, ou le consom'acteur, qui, à lui seul, va sauver la planète grâce à ses achats éclairés. Ma vision est très inspirée de l'économiste John Kenneth Galbraith, qui a écrit dans les années 1960 *Le Nouvel État industriel*[9], dans lequel il explique que l'économie est poussée par les producteurs et non pas tirée par les consommateurs. Le consommateur n'est pas roi, il a seulement le pouvoir de choisir entre les produits qu'on lui propose dans son linéaire de supermarché. Il n'aura pas le produit dont il rêve si les industriels décident de ne pas le mettre sur le marché. Il n'y a que la puissance publique qui est capable de réguler le marché, d'imposer un cadre aux industriels par un certain nombre de règles fiscales, réglementaires et normatives. Je crois beaucoup au rôle de la puissance publique, qui peut être démultiplié à toutes les échelles, de la commune à l'État, en passant par la métropole, la région, etc. L'échelon international est important aussi, je ne dis pas qu'il faut arrêter les négociations climatiques bien sûr. Il faut continuer, même si c'est difficile. Mais il y a toute une gamme d'actions possibles qui concerne les

8 L'Increvable est un modèle de machine à laver le linge qui facilite la maintenance et permet une amélioration de ses performances au fil du temps grâce à des mises à jour logicielles et matérielles. Le projet a été suspendu en février 2020 faute de partenaires permettant de finaliser son développement et permettre sa commercialisation.

9 John Kenneth Galbraith, *Le Nouvel État industriel. Essai sur le système économique américain*, Gallimard, 1968.

interdictions, les taxes, la capacité à soutenir des filières par les commandes publiques et le pouvoir prescriptif. La puissance publique à un rôle important à jouer.

Si je résume, nous avons besoin de changements réglementaires et d'une révolution des usages. Selon vous, a-t-on les moyens de mettre tout cela en place ?

C'est un exercice extrêmement difficile, car il faut une conjonction de beaucoup de choses pour que cela fonctionne : une prise de conscience du côté des citoyens consommateurs et un soutien de la puissance publique. Tout cela dans un jeu géopolitique très complexe. Le XXIe siècle ne va pas être simple, avec les effets du changement climatique et de nombreux facteurs auxquels il va falloir s'adapter. Mais il faut trouver de l'enthousiasme dans les parcours de vie. Nous n'allons pas tous partir sur Mars avec Elon Musk et conquérir la galaxie avec Jeff Bezos. Nous allons donc faire autre chose, nous allons inventer ce monde. La crise sanitaire a montré que parfois les paradigmes peuvent changer rapidement. Regardons la question du télétravail, ou de « l'argent gratuit ». Parfois l'histoire s'accélère. Je pense que nous avons les moyens, en tout cas techniques, technologiques, sociaux, sociétaux et financiers, pour mener dès maintenant la bonne transition, fondée d'abord sur la sobriété.

CHAPITRE 9

DÉROUTE CLIMATIQUE

Entretien avec Valérie Masson-Delmotte, paléoclimatologue, directrice de recherche au Commissariat à l'énergie atomique et aux énergies alternatives (CEA), coprésidente du GIEC et membre du Haut Conseil pour le climat[1].

1 Instance consultative indépendante chargée d'apporter un éclairage sur la politique climatique du gouvernement.

«Il y a un décalage entre ce que les citoyens seraient prêts à faire, et ce que l’État ou les gouvernements ont le courage de mettre en place.»

Valérie Masson-Delmotte

Il est différent de savoir quelque chose et de le vivre vraiment, de l'expérimenter dans sa chair. La première fois que j'ai ressenti physiquement le changement climatique, c'était le 25 juillet 2019. J'avais terminé ma journée de travail et j'allais enfourcher mon vélo pour rentrer chez moi, en banlieue parisienne. En sortant des bureaux climatisés, une chape de plomb s'est abattue sur moi. Ce jour-là, le record de température à Paris a été pulvérisé et le thermomètre a atteint 42,6 °C. Sur mon vélo, j'étais en sueur, bien sûr, mais j'avais surtout des difficultés à respirer. Avec le vent chaud, j'avais la sensation que mes yeux s'asséchaient littéralement, comme si j'avais mis la tête dans un four. À ce moment-là, j'ai brutalement pris conscience que mon corps n'était pas adapté à de telles températures. Pourtant, nous nous dirigeons vers des étés à 50 °C en France dans les décennies à venir. Et ces températures extrêmes, insupportables pour le corps humain, sévissent déjà dans certains pays comme l'Inde ou le Pakistan. Canicules, sécheresses, cyclones, mégafeux, pluies diluviennes... L'accélération de ces phénomènes dus au changement climatique a déjà commencé.

À quoi ressemblera le monde en 2050, lorsque mes filles auront mon âge? Je me pose la question lorsque je les regarde. Aurons-nous réussi à stabiliser le climat? Ou aurons-nous basculé vers une trajectoire à + 3 °C ou + 5 °C qui, comme le répètent les scientifiques, met l'humanité en danger? C'est aujourd'hui que tout se joue. Nous sommes à la croisée des chemins. La bonne nouvelle, c'est que les solutions existent. Mais encore faut-il que nous ayons la volonté et le courage de les mettre en œuvre.

Audrey Boehly. **Nous avons connu cet hiver[2] des températures records avec 45 °C à Cape Town, en Afrique du Sud, ou encore 50,7 °C en Australie, la température la plus élevée jamais mesurée dans l'hémisphère Sud. Fin décembre, il faisait 13 °C à Nuuk, au Groenland, une température plus élevée qu'à Paris. Est-ce le signe que le changement climatique a déjà commencé ?**

Valérie Masson-Delmotte. Oui, nous vivons des records de chaleur de plus en plus nombreux. Une augmentation de la fréquence et de l'intensité des extrêmes chauds au-dessus des continents, mais aussi au-dessus des océans, avec des vagues de chaleur marines. Plus le niveau de réchauffement va augmenter à la surface de la Terre, plus cela va se produire.

Les catastrophes climatiques sont aussi de plus en plus fréquentes. On peut citer l'année dernière les inondations en Chine, en Inde et en Allemagne, l'ouragan Ida aux États-Unis. Mais aussi les incendies en Turquie, en Grèce, en Californie, en Sibérie, ou encore celui provoqué par le dôme de chaleur frôlant les 50 °C à Lytton, au Canada, qui a littéralement rayé ce village de la carte.

Plus le climat accumule de la chaleur, plus on va avoir une intensification et une augmentation de fréquence des épisodes extrêmes. On l'observe déjà pour les épisodes cévenols[3] : les records de pluie dans le sud de la France en automne ont augmenté au cours des dernières décennies. Les conditions météorologiques sont de plus en plus favorables aux incendies. La montée des mers, elle aussi, s'intensifie. On observe déjà une augmentation des épisodes de submersion à marée haute dans de nombreuses régions.

---

2 Cet entretien a été réalisé en février 2022.

3 Épisodes de pluies diluviennes dans les régions méridionales de la France.

À quel niveau de réchauffement sommes-nous par rapport à l'ère préindustrielle ?

Nous avons atteint 1,1 °C de réchauffement en moyenne sur la dernière décennie, entre 2010 et 2019, par rapport à la période 1850-1900.

Chacune des quatre dernières décennies a été successivement plus chaude que la précédente. Ces changements climatiques sont-ils d'une rapidité inédite ?

Si l'on regarde le réchauffement observé depuis le début du XXe siècle, c'est une rupture depuis plus de 2000 ans en termes d'ampleur et de vitesse. Pour trouver une période aussi chaude qu'aujourd'hui, il faut remonter plus de 120 000 ans en arrière, à un moment où la trajectoire de la Terre autour du Soleil était un peu différente.

Plusieurs gaz à effet de serre contribuent au réchauffement de la planète. D'où proviennent-ils ?

L'intégralité de ce réchauffement est la conséquence des activités humaines, dû à l'effet réchauffant des gaz à effet de serre. Il y a d'abord le dioxyde de carbone (CO_2), issu principalement de la combustion d'énergies fossiles – pétrole, charbon et gaz –, mais aussi de la déforestation. Car lorsqu'on détruit la végétation et les sols, le carbone qu'ils stockent retourne dans l'atmosphère. Il y a aussi le méthane, qui provient de la riziculture, de la fermentation des déchets, mais surtout des fuites dans le secteur des énergies fossiles et de l'élevage des ruminants. Ces deux dernières sources ont engendré une forte hausse des émissions ces dernières années. Enfin, il y a le protoxyde d'azote dû à l'agriculture, en particulier à l'utilisation d'engrais azotés de synthèse et aux épandages de lisiers[4].

4 Voir chapitre 2, « Comment nourrir le monde », entretien avec Marc Dufumier.

Combien de temps le CO_2, principal gaz contributeur au réchauffement, se maintient-il dans l'atmosphère ?

Actuellement, nous émettons environ 40 milliards de tonnes de CO_2 chaque année. Une partie de ce gaz est rapidement absorbée : 31 % par la végétation et les sols, et 23 % par l'océan. La moitié de ce que l'on émet chaque année reste donc dans l'atmosphère – et va y rester très longtemps, car les processus géologiques qui l'en retirent sont très longs. On estime que 15% à 40% du CO_2 que l'on émet dans l'atmosphère continuera à avoir un effet sur le climat sur plus d'un millénaire.

Depuis combien de temps la concentration de CO_2 de l'atmosphère n'a-t-elle pas été aussi élevée ?

Cela date d'une période géologique chaude appelée le pliocène, il y a environ 3 millions d'années. L'étude de cette période permet de comprendre la réponse du climat lors de conditions plus chaudes à la surface de la Terre. Avec notamment une montée très importante du niveau moyen de la mer, qui témoigne de l'évolution des calottes du Groenland et de l'Antarctique.

Les hominidés peuplent la Terre depuis des millions d'années. Mais le développement de la civilisation humaine est finalement assez récent, et s'est déroulé sur les 10 000 dernières années. Cette période se caractérise par un climat stable. Cela a-t-il été un facteur important permettant aux sociétés humaines de prospérer ?

Les spécialistes de l'histoire des sociétés humaines soulignent en effet que ces conditions climatiques stables ont été extrêmement importantes, d'abord pour le développement des activités agricoles, puis des villes et de l'organisation sociale qui façonnent la plupart de nos sociétés aujourd'hui. Nous sommes très dépendants des conditions climatiques actuelles pour notre production agricole. Et malgré la perception que nous avons de notre stade de développement technologique, nous sommes très vulnérables face aux changements climatiques.

Le dernier rapport du GIEC[5] prouve que le réchauffement climatique est intégralement dû aux gaz à effet de serre émis par les activités humaines. Comment ces rapports sont-ils réalisés ?

Les conclusions des rapports du GIEC s'appuient sur l'examen des éléments probants disponibles dans les publications scientifiques. Pour ce dernier rapport, plus de 200 chercheuses et chercheurs de 65 pays ont passé en revue environ 14 000 publications scientifiques récentes. Chaque version successive du rapport a été relue par la communauté scientifique et des experts nommés par les gouvernements. Plus de 600 contributeurs ont aidé les auteurs à faire ce travail, et près de 2000 relecteurs et 46 gouvernements ont participé à des commentaires écrits. C'est un travail colossal. Et effectivement, sur la base de ces études et de la compréhension de la physique du climat, il est aujourd'hui établi que l'influence humaine sur le climat est sans équivoque.

L'accord de Paris signé en 2015 a fixé pour objectif de contenir le réchauffement sous les 2 °C par rapport à l'ère préindustrielle, et de tendre autant que possible vers 1,5 °C. Une différence d'un demi-degré, cela ne paraît pas beaucoup. Quand on pense à la météo, on se dit que cela ne changerait pas grand-chose. Pourquoi est-ce une fausse idée ?

Avant tout, il est important de comprendre la faible ampleur des variations climatiques passées. Entre un climat glaciaire et un climat doux, il y a seulement 5 °C de différence en moyenne à la surface de la Terre. Et puis ce changement s'est produit relativement lentement, à un rythme de l'ordre de 1 °C par millénaire. On peut faire l'analogie avec la température du corps humain : si la température de notre organisme monte de 0,5 °C, cela va se ressentir sur notre état de santé.

5 www.ipcc.ch/report/sixth-assessment-report-working-group-3/

Entre la température normale de notre corps à 37 °C et un état fiévreux, il n'y a finalement que 1 à 2 °C de différence.

Pour chaque fraction de réchauffement supplémentaire, un réchauffement plus prononcé se produit au-dessus des continents. Cela conduit à une augmentation de l'intensité et de la fréquence d'un certain nombre d'événements extrêmes, à une amplification du cycle de l'eau et de sa variabilité, à des épisodes très secs ou très humides plus marqués et plus nombreux. Lorsqu'on atteint une température de 42 °C, comme cela a été le cas à Paris en juillet 2019, on touche à des limites physiologiques. Une problématique qui se pose déjà dans de nombreuses régions du monde.

Passer de 1,5 à 2 °C de réchauffement aurait aussi un impact sur la sécurité alimentaire et l'accès à l'eau.

Ce sont des enjeux extrêmement importants en termes de sécurité en eau et de sécurité alimentaire. Cet écart de température peut être extrêmement problématique. Un océan qui se réchauffe va entraîner une baisse du potentiel de pêche dans les régions tropicales. Il y a également des menaces pour la sécurité des habitats du fait des événements extrêmes et de la montée du niveau des mers. Et enfin, des risques considérables pour les écosystèmes et la biodiversité. En cas de conditions très chaudes et très sèches, on observe des dépérissements de forêts. Il y a donc des enjeux majeurs concernant la préservation du vivant.

Vous venez de nous expliquer pourquoi il est important de limiter le réchauffement à 1,5 °C. Or, pour l'instant, les engagements des pays ne permettent pas de tenir cet objectif et nous nous dirigeons vers un monde où il ferait près de 3 °C de plus. À quoi ressemblerait un tel monde ?

Effectivement, l'action engagée pour l'instant n'est pas suffisante pour nous mettre sur la bonne trajectoire. Cela veut dire que nous allons continuer de gérer crise après crise, de plus en plus fréquemment. Cela signifie aussi beaucoup de souffrance pour les gens qui font face à ces événements.

Dans un monde à + 3 °C, aurait-on assez d'eau et pourrait-on produire assez de nourriture pour une population qui va continuer à croître, puisque nous serons environ 10 milliards d'humains en 2050 ?

Aujourd'hui, lorsque l'on fait face à de graves sécheresses dans certaines régions, il est possible de surmonter ces crises en transportant de l'alimentation d'un territoire à l'autre par l'aide d'urgence. Mais plus le niveau de réchauffement sera élevé, plus il y a de probabilité que cette situation touche plusieurs régions en même temps. Si des événements chauds et secs touchent plusieurs greniers à blé dans le monde, on risque de connaître des chocs importants – y compris quant au prix des matières premières critiques – et de faire face à des crises alimentaires extrêmement graves qui toucheraient non pas une zone restreinte, mais une partie plus importante de la population mondiale.

Dans ce monde à + 3 °C, jusqu'où pourrait aller la montée des eaux ?

Aujourd'hui, le niveau de la mer augmente de 3,7 millimètres par an. Ce rythme s'est accéléré depuis les années 1990 : à l'océan qui gonfle, aux glaciers qui fondent, se sont ajoutés une fonte plus élevée du Groenland et un glissement plus rapide de certains glaciers de l'Antarctique. La montée du niveau de la mer est inexorable, et nous allons atteindre un mètre d'élévation. Mais cela pourrait être soit à la fin de ce siècle, en cas de fortes émissions de gaz à effet de serre, ou bien au siècle suivant, si les émissions sont très réduites. Dans ce dernier cas, cela offrirait une marge de manœuvre beaucoup plus importante pour anticiper la gestion du littoral, soit en renforçant les écosystèmes côtiers, soit avec des ouvrages en dur. Ou bien, dans certains cas, pour organiser un repli planifié, de manière à le faire dans les meilleures conditions possible.

C'est ce que fait déjà l'Indonésie aujourd'hui en déplaçant sa capitale, Jakarta, qui a toutes les chances d'être submergée. Une montée des eaux de un mètre, combien cela affectera-t-il de personnes dans le monde ?

On estime qu'autour de 2050, 1 milliard de personnes vivront immédiatement à proximité du littoral. Cela concerne des grandes villes, des infrastructures stratégiques, des ports, des activités industrielles, de grands deltas agricoles comme celui du Mékong, qui est essentiel pour la production alimentaire. Et puis cela concerne au premier chef les îles et les petits États insulaires : au total, ce sont 65 millions de personnes qui sont particulièrement vulnérables. C'est l'une des raisons pour lesquelles le Conseil de sécurité de l'ONU a examiné, en septembre 2021, la question de la montée du niveau des mers à l'aune de la sécurité, et même de la survie, de certains États.

À quoi ressemblerait la France dans ce monde à + 3 °C ?

Le niveau de réchauffement sur les continents est toujours plus important que la moyenne planétaire. En France, nous serions au-dessus de + 4 °C. Un climat qui se réchauffe, c'est moins de précipitations en été et une baisse de l'humidité des sols. Cela implique des tensions croissantes pour l'utilisation de l'eau, entre les besoins pour l'irrigation, pour les villes et pour les activités industrielles. Sachant que l'on perdrait le stockage de l'eau par la neige, qui n'existe plus dans un climat qui se réchauffe beaucoup.

Selon les estimations, plus d'un tiers de la population dans le sud de la France pourrait manquer d'eau.

Ce sont également des risques importants de dépérissement des forêts, avec des implications pour la biodiversité et pour les activités économiques qui dépendent de l'utilisation du bois et de la forêt. C'est aussi une forte augmentation du niveau des températures lors des canicules. Ce sont en réalité des bouleversements majeurs dans de très nombreux secteurs.

Parmi ces bouleversements, il y a la montée des eaux qui affecterait un certain nombre de villes françaises, en particulier dans les Hauts-de-France et sur la côte atlantique. Cela pourrait concerner près de 2 millions de Français d'ici à la fin du siècle. Vous avez aussi cité l'agriculture : dans un monde à + 3 °C, la production agricole pourrait chuter de 25 %. C'est considérable.

Les estimations suggèrent effectivement des baisses de rendement s'il n'y a pas des modifications profondes de notre agriculture, en mettant en place une plus grande diversité de cultures et des pratiques agroécologiques. Les enjeux dans le secteur agricole sont parmi les plus importants.

Si l'on continue à injecter des gaz à effet de serre dans l'atmosphère, nous pourrions atteindre des seuils, des points de bascule, qui provoqueraient un emballement irréversible du climat. Que cela veut-il dire concrètement ?

Un certain nombre d'aspects du système climatique peuvent présenter ces effets de seuil. Par exemple, l'écoulement de certains secteurs de l'Antarctique contribuerait à une montée brutale du niveau de la mer. Il y a aussi le grand tapis roulant de l'océan Atlantique, qui apporte des courants chauds en surface, de l'équateur vers l'Atlantique Nord, puis plonge ensuite et forme une boucle de courant froid au fond de l'océan. On s'attend à ce que ce tapis roulant océanique ralentisse dans un climat qui se réchauffe, et l'on ne peut pas exclure un changement brutal. Les scientifiques explorent ce à quoi cela pourrait conduire, par exemple, des conditions beaucoup plus sèches en Europe de l'Ouest, des modifications des pluies de mousson. Il peut également y avoir des changements graduels ou abrupts dans les sols gelés de l'Arctique : on s'attend au dégel d'environ un quart de ces sols par degré de réchauffement. Or, ils contiennent de la matière organique gelée qui, lorsqu'elle dégèle, peut rejeter du dioxyde de carbone ou du méthane.

Effectivement, les sols gelés de l'Arctique stockent des quantités colossales de carbone. Ils en contiennent deux fois plus que l'atmosphère.

Il y a également des effets de seuil pour certains écosystèmes. Il pourrait se produire des changements à grande échelle dans certaines forêts tropicales comme l'Amazonie, dus à la fois à la pression humaine et à des conditions climatiques plus sèches. Et puis il y a aussi la question des points de bascule de nos sociétés : à quel moment celles-ci perdent-elles, du fait de crises multiples, leur capacité à être gouvernées? Plus nous émettons des gaz à effet de serre, plus nous ébranlons le climat, et plus nous entrons dans un territoire inconnu où peuvent surgir des phénomènes nouveaux et difficiles à évaluer aujourd'hui.

Certains modèles climatiques indiquent que si nos émissions de gaz à effet de serre continuent à augmenter, il serait même possible d'atteindre 4 ou 5 °C de réchauffement. Or, vous en parliez, c'est à peu près la température qui nous sépare de la dernière ère glaciaire. À quoi ressemblait notre planète à cette époque?

Lors de la dernière période glaciaire, qui a culminé il y a environ 21 000 ans, la température sur Terre était inférieure en moyenne de 5 °C. La différence était moindre sous les tropiques, mais beaucoup plus prononcée dans les régions froides, avec 20 à 25°C de moins qu'aujourd'hui, et 10 à 15°C de moins sous nos latitudes. Il y avait une accumulation considérable de glaciers sur les continents. L'eau était stockée sous forme de neige et de glace, donc le niveau moyen de la mer était beaucoup plus bas, environ 120 mètres de moins qu'aujourd'hui[6]. La végétation n'était pas la même, il y avait des steppes à la place des forêts. Les animaux aussi étaient totalement différents, comme le montrent les représentations dans les grottes

6 Une grande partie de l'Europe était recouverte de glaciers et le niveau de la mer était si bas qu'il était possible d'aller à pied en Grande-Bretagne.

ornées en France, qui témoignent d'une faune de milieu froid[7] à nos latitudes.

Lors du Sommet de la Terre en 1992, l'ancien président américain George Bush a déclaré : « Notre mode de vie n'est pas négociable. » C'est une idée qui sous-tend encore la majorité des programmes politiques aujourd'hui. Serait-il possible de maintenir notre mode de vie dans un monde à + 3, + 4 ou + 5 °C ?

Un fort réchauffement entraînerait une forte privation de liberté, car cela provoquerait des crises auxquelles nous ne sommes pas préparés, avec un coût croissant des pertes et des dommages, mais également de l'adaptation, qui serait réalisée sous contrainte. En France, il y a aussi un attachement à un patrimoine historique, et certains aspects de celui-ci seront détériorés dans un climat qui change : nos forêts anciennes, nos glaciers, les richesses archéologiques et historiques situées sur le littoral, qui sont en première ligne face à la montée du niveau des mers. Limiter le réchauffement climatique est aussi un enjeu considérable en termes de préservation, de conservation de vestiges et de pratiques qui vont être bouleversées à mesure que le climat se réchauffe. Par ailleurs, notre mode de vie actuel, extrêmement gourmand, est déterminé par la productivité agricole, le rendement de l'élevage et les limites des ressources renouvelables, qui sont tous impactés par le réchauffement.

Pour éviter de dépasser la barre fatidique des 2 °C, le GIEC explique qu'il est nécessaire d'atteindre la neutralité carbone en 2050. Que cela signifie-t-il ?

Le premier facteur qui détermine l'évolution future de la température, ce sont les émissions de dioxyde de carbone et en particulier leur cumul.

---

7 Rennes, renards polaires, mammouths laineux, rhinocéros laineux…

Autrement dit, ce qui compte n'est pas uniquement le résultat pour l'année 2050, mais la somme des émissions de gaz à effet de serre d'ici là. Un peu comme une baignoire qui se remplit et qui peut déborder si l'on ne ferme pas le robinet assez vite.

Pour que la température cesse d'augmenter à la surface de la Terre, il faut que ce cumul d'émissions de CO_2 s'arrête. C'est ce que l'on appelle la neutralité carbone. Cela veut dire que si les activités humaines émettent encore un peu de dioxyde de carbone, il faut que l'on soit capable d'éliminer l'équivalent de l'atmosphère, et de le stocker de manière durable. Il faut aussi pouvoir réduire de manière importante nos rejets de méthane. Ce gaz à effet de serre a une durée de vie assez courte – il reste une douzaine d'années dans l'atmosphère –, mais provoque un réchauffement extrêmement important[8].

En ce qui concerne le méthane, l'un des leviers à actionner est la diminution de notre consommation de viande. Si je résume, il faut réduire nos émissions au maximum d'ici à 2050, et les émissions restantes devront être compensées par des puits de carbone.

Un puits de carbone, par exemple, c'est une zone humide où la végétation croît et où la matière organique produite va être stockée dans les sédiments de cette zone humide. Cela peut aussi être une forêt : la végétation pousse, stocke du carbone, se décompose, et le carbone reste dans les sols.

La capacité des arbres à stocker du carbone est utilisée pour promouvoir la compensation carbone. Par exemple, lorsque nous prenons l'avion, nous émettons du CO_2 et nous pouvons décider de financer la plantation d'arbres pour compenser. Est-ce vraiment efficace ?

On ne peut utiliser la compensation carbone qu'en ultime recours. La première chose à faire est de mesurer son empreinte carbone. Ensuite, il faut tout faire pour la réduire. Et enfin, s'il reste des

8 Le méthane a un effet réchauffant environ 30 fois plus important que le CO_2.

émissions résiduelles que nous n'arrivons pas à éliminer, nous pouvons avoir recours à la compensation. Mais si l'on replante une forêt et qu'elle brûle, le stockage n'est pas pérenne. Dans de nombreux cas, la compensation est un alibi pour se donner bonne conscience, au détriment des changements de fond. Je voudrais revenir sur l'exemple du trafic aérien. Cela représente 3% des émissions mondiales de gaz à effet de serre, mais seul un petit pourcentage de la population mondiale est à l'origine de la moitié des vols dans le monde[9]. Il y a donc une question d'équité à prendre en compte. Le secteur aérien a fait des progrès considérables dans la performance des moteurs d'avion par exemple, mais cela a été complètement effacé par l'augmentation du nombre de vols et de kilomètres parcourus. Si se donner bonne conscience en achetant pour quelques euros une compensation carbone contribue à maintenir une demande élevée, cela reste négatif pour le climat.

Des technologies sont en train d'être développées pour absorber le CO_2, soit en sortie d'usine, soit directement dans l'air. Cela pourrait-il être développé à suffisamment grande échelle pour nous permettre de continuer à émettre toujours plus de dioxyde de carbone ?

Cela fait partie des enjeux majeurs, en particulier pour des secteurs très difficiles à décarboner comme l'industrie lourde ou la production de ciment. Mais en réalité, le déploiement de ces technologies reste extrêmement limité.

Il y a le dioxyde de carbone qui sort des usines, mais aussi celui émis par le pot d'échappement de nos voitures par exemple, qui est envoyé directement dans l'atmosphère. Peut-on espérer arriver un jour à capter ce carbone atmosphérique ?

À mon avis, la captation carbone fonctionnera uniquement là où le CO_2 est émis de façon très concentrée, sur des gros pôles industriels ou des centrales thermiques. La difficulté, c'est le modèle économique.

9 1 % de la population mondiale émet 50 % des émissions du secteur aérien.

Il sera peut-être moins cher de produire directement de l'électricité bas carbone plutôt que de l'électricité issue du charbon avec captage et stockage du CO_2 émis. Parfois, le potentiel de ce type de méthodes est mis en avant par certaines entreprises qui dépendent des énergies fossiles et voudraient être subventionnées pour continuer à exploiter ces énergies, au détriment du déploiement d'autres solutions.

Parmi les solutions technologiques évoquées, il y a aussi la géo-ingénierie. En quoi cela consiste-t-il ? Cela ne s'apparente-t-il pas à jouer les apprentis sorciers ?

Ce type d'approche est étudié par des climatologues. La géo-ingénierie consiste à manipuler délibérément le bilan énergétique de la Terre en injectant, par exemple, des particules dans la haute atmosphère. Est-ce qu'étudier ces méthodes signifie qu'on les cautionne ? Non. Non. L'idée que demain, nous aurons à disposition une technologie qui nous permettra de ne rien changer à notre mode de vie est quelque chose qui justifie l'inaction. Cela pose aussi de très nombreuses questions éthiques et d'encadrement juridique international.

Revenons à l'objectif d'atteindre la neutralité carbone en 2050. Quand on évoque cette date, on imagine avoir du temps pour réagir. Est-ce le cas ?

Prenons la durée de vie d'une voiture neuve, par exemple. En Europe, elle est de l'ordre de dix-huit ans. Donc, si vous achetez un véhicule thermique aujourd'hui, vous allez continuer à émettre des gaz à effet de serre sur toute cette période. La durée de vie d'un système de chauffage collectif est souvent d'une trentaine d'années. Si l'on met en service un système de chauffage à gaz aujourd'hui, il émettra des gaz à effet de serre pendant trente ans, jusqu'en 2050. La durée de vie d'une infrastructure industrielle peut être beaucoup plus longue que cela. Celle d'une infrastructure côtière – la construction d'un bâtiment ou d'un quartier par exemple – va être de plusieurs siècles. Il faut donc se poser la question : ce que l'on met en place aujourd'hui verrouille-t-il des émissions de gaz à effet de serre élevées? Ou au contraire, cela pourra-t-il être transformé au fur et à mesure des progrès technologiques pour réduire les émissions de gaz à effet de serre? Ce sont des questions cruciales.

Vu que nous avons tardé à agir, la marche à franchir est désormais assez haute. Pour être sur la bonne trajectoire, de combien faudrait-il baisser nos émissions d'ici à 2030?

Pour limiter le réchauffement à environ 1,5 °C, la réduction nécessaire entre 2010 et 2030 est de l'ordre de 45 %. C'est effectivement considérable, et cela demande à être construit. Une baisse de quelques pour-cent par an en conservant les choses à l'identique ne sera pas suffisante. À un moment donné, il faut changer de pratiques.

Prenons l'exemple des transports – gros émetteurs de gaz à effet de serre –, et en particulier celui de la voiture. Serait-il suffisant d'avoir un parc de voitures 100 % électriques tout en continuant à faire croître le trafic routier?

Ces dernières années, les gains d'efficacité des moteurs thermiques ont été effacés par le fait que les constructeurs et les consommateurs ont fait le choix de vendre et d'acheter des véhicules de plus en plus lourds, type SUV. C'est catastrophique, car le poids de la voiture est tel qu'à sa production, elle a une empreinte carbone élevée, et à l'usage, sa consommation reste importante malgré les gains sur les moteurs. Au contraire, un petit véhicule à batterie électrique permet sur son cycle de vie de réduire d'environ 80% les émissions de gaz à effet de serre. Avec un point de vigilance sur les pratiques d'extraction dans certaines mines, qui sont problématiques.

Les conditions sociales du travail dans les mines, la pollution environnementale, mais aussi la limitation des ressources minières font qu'il ne semble pas réaliste de remplacer l'intégralité du parc automobile existant, soit plus de 1 milliard de véhicules, par des voitures électriques.

Favoriser une mobilité active à pied, à vélo, en transport en commun, cela peut aussi être intéressant dans une vision plus large de qualité de l'air, de santé publique et d'activité physique. C'est ce que l'on observe dans certains pays autour de nous, comme l'Allemagne ou les Pays-Bas. Les déplacements pour aller à l'école s'y font de manière beaucoup plus active. Concernant la voiture, la réponse n'est pas forcément une autre voiture. Cela doit être réfléchi de manière plus large.

Est-ce à dire que les progrès technologiques ne peuvent pas constituer le principal levier? Doit-on nécessairement passer par un changement des usages, en particulier par la sobriété?

Beaucoup d'études récentes le soulignent, et cela fait partie des leviers d'action importants. De plus, lorsque l'on est dans un contexte de crise par rapport au prix de l'énergie, comme c'est le cas aujourd'hui, la sobriété a aussi l'avantage de permettre d'économiser sur son budget mensuel.

Quand on parle de tendre vers plus de sobriété, on évoque souvent un risque économique. Mais le risque économique de l'inaction n'est-il pas plus important?

Les travaux des économistes montrent que miser sur une décarbonation rapide est plus rentable que de retarder l'action. Et ce, sans même prendre en compte le coût de l'adaptation ni celui des pertes et des dommages. On a tout intérêt à agir pour bâtir l'économie et les emplois de demain. Construire un autre mode de société en relocalisant une partie des productions, avec des emplois qui ont du sens, et que l'on ne peut pas déplacer ailleurs. C'est cette vision d'ensemble qu'il faut élaborer, pour montrer ce vers quoi nous voulons tendre : une société bas carbone où l'on vit bien et où l'on réussit à créer collectivement d'autres façons de fonctionner.

On met beaucoup en avant les gestes individuels. Les règles d'organisation de la société doivent-elles aussi changer ?

Il y a des leviers d'action à tous les niveaux. Dans ma famille, nous avons divisé à peu près par deux nos émissions de gaz à effet de serre sur une dizaine d'années. C'est donc parfaitement réalisable en vivant bien, en faisant juste attention à certaines choses et en étant fier d'agir ainsi. Et puis il y a des actions nécessaires au niveau des collectivités locales et des services publics. Il est important que cela se diffuse et se décline à tous les niveaux. Au niveau national également.

Nos dirigeants lancent de grands projets qui auront un impact majeur pendant des décennies. Ces projets devraient-ils être évalués en termes d'émissions de gaz à effet de serre pour décider s'ils sont pertinents ?

Pour les gros investissements, nous devrions systématiquement mettre en place une grille d'évaluation. L'infrastructure va-t-elle pouvoir fonctionner correctement dans un climat qui se réchauffe et faire face aux sécheresses, aux inondations, aux événements extrêmes? Va-t-elle préserver les écosystèmes et la biodiversité localement, ou au contraire exacerber la destruction d'habitats? Ce grand projet va-t-il permettre de baisser les émissions de gaz à effet de serre à hauteur de la Stratégie nationale bas carbone, qui fixe un cap très clair de réduction des émissions pour la France? Si ces conditions ne sont pas remplies, le projet ne devrait pas avoir lieu tel qu'il a été prévu.

Il y a aussi la responsabilité des entreprises et des banques. Dans un rapport[10], l'ONG Oxfam France révèle que l'empreinte carbone

10 www.oxfamfrance.org/climat-et-energie/banques-des-engagements-climat-a-prendre-au-4eme-degre/

des principales grandes banques françaises représente près de huit fois les émissions de gaz à effet de serre de la France entière à cause de leurs investissements dans les énergies fossiles.

Oui, il faut beaucoup plus de transparence. Certains Français ont la chance d'avoir une épargne, mais ne savent pas ce qui est fait avec leurs placements financiers. Il y a une forme de *greenwashing* de certaines banques qui mettent l'accent sur un petit renoncement en passant sous silence le gros de leurs investissements dans les énergies fossiles. C'est aussi très contrariant, lorsqu'on a un cap clair à l'échelle d'un pays, qu'il y ait une telle incohérence avec les investissements que celui-ci réalise à d'autres endroits du monde.

D'autant plus que le dernier rapport du GIEC est très clair : si l'on veut rester en dessous des 2 °C, il ne faut pas ouvrir de nouvelles exploitations d'énergies fossiles. Il est même nécessaire de fermer une partie des infrastructures existantes avant leur fin de vie. Je voudrais évoquer un point qui me semble important. On entend parfois qu'il ne servirait à rien de faire notre part en France si les autres pays n'agissent pas. Que répondez-vous à cela ?

Quelle que soit sa propre empreinte, chacun a ses responsabilités. L'empreinte carbone moyenne d'un Français se situe autour de 10 tonnes d'équivalent CO_2 par an. C'est largement au-dessus de la moyenne mondiale. Nous avons aussi une responsabilité historique concernant les émissions de dioxyde de carbone totalisées jusqu'à aujourd'hui, puisque nous sommes le dixième pays le plus émetteur en cumul. Nous avons aussi une capacité à agir, car nous sommes l'un des pays les plus riches du G7. Nous avons également des filières économiques qui gagneraient à faire ce virage, en termes d'emplois et de compétitivité, car cela nous mettrait en bonne position sur les marchés de demain. Dire que nous pesons peu est juste une excuse pour ne rien faire, alors que les raisons d'agir sont nombreuses.

Vous évoquez la responsabilité qui incombe aux pays les plus riches. Dans les faits, 1 % des plus aisés émettent plus de carbone que 50 % des plus pauvres. Vous semble-t-il important d'intégrer la question des aides aux pays du Sud dans les politiques climatiques ?

Bien sûr. Le point qui me semble le plus frappant vis-à-vis du changement climatique est que ceux qui ont le moins contribué à émettre des gaz à effet de serre sont aussi souvent ceux qui sont les plus exposés. Et qui ont la plus faible capacité d'action pour mettre en place des stratégies d'adaptation. Le risque, c'est aussi une exacerbation partout dans le monde des vulnérabilités et des inégalités.

Et pourtant, les États les plus riches bloquent pour l'instant le versement des fonds nécessaires pour aider les pays du Sud à s'adapter aux changements climatiques. Il y a aussi la question des inégalités face aux politiques climatiques au sein même de chaque pays, y compris en France.

Oui, tout à fait. On a bien vu, lorsque le gouvernement français a voulu augmenter la fiscalité sur les carburants, que cela a frappé de plein fouet les bas revenus, pour lesquels cela représentait une contrainte de mobilité, en particulier dans les zones périurbaines ou rurales. On peut aussi parler des occupants de logements parfois anciens, mal isolés, pour lesquels taxer les énergies fossiles qui servent à se chauffer amplifie les inégalités sociales qu'ils subissent. À l'inverse, si l'on agissait de manière ciblée pour renforcer l'isolation des logements, on améliorerait les conditions de vie de beaucoup d'enfants et cela limiterait en même temps les émissions de gaz à effet de serre. Il est essentiel de prendre en compte la question des inégalités dans la construction des politiques publiques visant à accompagner la réduction des émissions de gaz à effet de serre. Construire des transitions qui soient justes, et perçues comme telles, est quelque chose de crucial.

La France a été condamnée à deux reprises pour l'insuffisance de son action climatique et le Haut Conseil pour le climat, dont vous faites partie, a publié récemment un rapport estimant que notre pays n'est pas sur la bonne trajectoire. La loi climat[11] a-t-elle été une occasion manquée ?

En France, comme dans beaucoup d'autres pays du monde, nous sommes dans une étape de construction de l'action publique, avec une vraie difficulté à tenir le cap de ce qui a été promis. Le premier budget carbone n'a pas été respecté. Le second, en cours, est susceptible d'être tenu, mais uniquement en raison des effets temporaires de la pandémie de covid, ce qui n'est pas tout à fait la même chose qu'une action structurelle mise en place sur le long terme. Concernant le projet de loi climat et résilience, la partie résilience est très limitée. Il y a un enjeu considérable à allouer des budgets suffisants pour mettre en place cette adaptation. Et pour l'instant nous n'y sommes pas du tout. Concernant la trajectoire de baisse des émissions, les évaluations de la loi climat réalisées par le Haut Conseil pour le climat et par un cabinet de conseil mandaté par le gouvernement ont montré qu'il fallait en faire une lecture très optimiste pour penser que cela serait suffisant pour tenir le cap.

Selon vous, les mesures proposées par la Convention citoyenne pour le climat allaient-elles dans le bon sens ?

C'est un exemple d'assemblée citoyenne – comme cela a eu lieu en Irlande ou au Royaume-Uni – qui montre que lorsque l'on rassemble des personnes représentant la diversité des Français – en termes de lieu de vie, de revenu, de niveau d'études, etc. – et qu'elles s'approprient les enjeux du changement climatique, elles sont disposées à effectuer pas mal de transformations. On se rend compte qu'il y a un décalage entre ce que les citoyens seraient prêts à faire et ce que l'État ou les gouvernements ont le courage de mettre en place.

11 Issue de la Convention citoyenne pour le climat, la loi climat et résilience a été promulguée le 24 août 2021.

CHAPITRE 10

A-T-ON DÉPASSÉ LES LIMITES ?

Entretien avec Aurélien Boutaud, docteur en sciences de la Terre et de l'environnement, chercheur associé au CNRS, consultant spécialisé dans l'accompagnement des politiques publiques en matière de transition écologique et coauteur de *Les Limites planétaires*[1] et *L'Empreinte écologique*[2].

---

1 Aurélien Boutaud et Natacha Gondran, *Les Limites planétaires*, La Découverte, 2020.

2 Aurélien Boutaud et Natacha Gondran, *L'Empreinte écologique*, La Découverte, 2018.

«Il faut avoir une approche systémique.
Si l'on se focalise uniquement sur le changement climatique,
on risque de mettre en place des solutions qui auront
des impacts négatifs sur d'autres limites planétaires.»

Aurélien Boutaud

Les différents entretiens retranscrits dans cet ouvrage dressent un état des lieux des limites auxquelles nous faisons face, mais aussi des ressources naturelles dont nous avons besoin pour nous nourrir, nous chauffer, nous déplacer, construire nos bâtiments et fabriquer les objets de notre quotidien. Pour chacune de ces ressources, le constat est le même : la consommation humaine dépasse ce que la planète peut nous offrir. Nous détériorons ainsi profondément l'écosystème dont nous faisons partie et les cycles naturels dont nous dépendons. Nous sommes en train d'éroder la fertilité des sols, de polluer l'eau, de provoquer un effondrement de la biodiversité sur terre comme en mer et de bouleverser irrémédiablement le climat.

En 1992, la deuxième édition du rapport Meadows faisait déjà ce constat en se renommant *Beyond the limits* [Au-delà des limites], soulignant ainsi que nous avions déjà franchi la ligne rouge. Ce n'est donc pas une surprise si depuis ma naissance, au cours de la décennie 1970, le jour du dépassement arrive chaque année de plus en plus tôt. Ce jour à partir duquel nous avons pêché plus de poissons, abattu plus d'arbres, cultivé plus de terres que ce que la nature peut nous procurer en une année, et émis plus de gaz à effet de serre que nos océans et nos forêts ne peuvent en absorber. En 2022, ce jour était le 28 juillet. Nous vivons donc près de la moitié de l'année dans le rouge.

La planète pourra-t-elle supporter cela encore longtemps? Combien de temps pourra-t-on continuer à vivre à crédit avant que la machine ne s'enraie?

***Audrey Boehly.* Comment le jour du dépassement est-il calculé?**

Aurélien Boutaud. C'est le jour dans l'année où l'humanité a consommé davantage de services issus de la nature que cette dernière n'est capable d'en régénérer. Pour le calculer, on s'appuie sur l'empreinte écologique, un indicateur né au début des années 1990 à l'initiative de chercheurs, dont le Canadien William Rees, lequel s'intéressait à la surface de terres agricoles et de forêts dont dépend une ville pour vivre et renouveler ses ressources. En élargissant ce calcul à l'échelle d'un pays, puis de l'humanité, il a élaboré le concept d'empreinte écologique. La grande plus-value de ce concept est d'intégrer, en plus des ressources, la question des déchets, autrement dit la capacité des écosystèmes à absorber nos pollutions. Pour le CO_2, on regarde par exemple la surface de forêt nécessaire pour absorber nos émissions. En revanche, tout ce qui n'est pas biologique, comme les minerais, n'est pas pris en compte dans cet indicateur. Pour calculer le jour du dépassement, on compare d'une part l'empreinte écologique, c'est-à-dire la surface dont nous avons besoin pour pérenniser nos ressources et assimiler nos déchets, et d'autre part la biocapacité, soit les surfaces naturelles réellement disponibles. Globalement, l'empreinte écologique équivaut actuellement à 21 milliards d'hectares et la biocapacité à 12 milliards d'hectares. Le jour de l'année où nous avons consommé l'équivalent de la biocapacité tombe donc au mois de juillet. C'est le jour du dépassement. Après cette date, nous sommes en déficit écologique.

Le calcul de l'empreinte écologique prend-il en compte les altérations que l'on fait subir aux écosystèmes ? Je pense, par exemple, à la baisse de fertilité des sols, ou au fait que l'océan peut absorber de moins en moins de carbone. Cela est-il pris en compte dans les modèles ?

L'empreinte écologique ne le prend pas en compte directement. Si le mode de culture n'est pas durable et altère le capital sol, on ne s'en rendra compte qu'à terme, car cela va dégrader la biocapacité. C'est l'une des limites de l'empreinte écologique.

Le jour du dépassement a lieu de plus en plus tôt chaque année. À quoi cela est-il dû ?

D'un côté, la biocapacité est relativement stable. En revanche, notre empreinte écologique augmente car chacun d'entre nous a tendance à consommer de plus en plus, mais aussi parce que nous sommes de plus en plus nombreux. Par conséquent, la part de gâteau qui revient à chacun est de plus en plus petite, alors que nous en consommons toujours plus, et le jour du dépassement arrive de plus en plus tôt.

On peut aussi mesurer notre empreinte écologique en nombre de planètes Terre qu'il faudrait théoriquement pour répondre à nos besoins.

L'empreinte écologique d'un Français se situe entre 4 et 5 hectares. Or, la biocapacité par habitant au niveau mondial est de l'ordre de 1,6 hectare. Donc, si vous faites le ratio, vous constatez qu'il faut à peu près trois planètes comme la Terre pour pérenniser le mode de vie d'un Français. Pour répondre à nos besoins à l'échelle de l'humanité, il faudrait approximativement deux planètes. Mais pour certains pays, trois, quatre ou même cinq planètes seraient nécessaires.

Quels pays ont l'empreinte écologique la plus importante ?

Les pays pétroliers ont une empreinte écologique très élevée, pas seulement parce qu'ils produisent du pétrole, mais parce qu'ils consomment aussi énormément d'énergie fossile et de biens de consommation. Parmi les nations occidentales, celles qui ont l'empreinte la plus élevée par habitant sont les pays d'Amérique du Nord et l'Australie, qui ont un fort niveau de consommation par habitant. L'Inde et la Chine ont aussi une empreinte écologique importante, non que le niveau de vie par habitant est élevé, mais parce qu'ils sont très peuplés.

Existe-t-il des États dont l'empreinte écologique est en adéquation avec ce que la planète peut réellement offrir ?

Certains pays consomment moins que la biocapacité disponible de 1,6 hectare par habitant. En général, ce sont plutôt des États pauvres. Il y a quelques exceptions comme Cuba ou le Costa Rica, qui ont un niveau de vie intermédiaire. Mais ce sont tout de même des pays dont le niveau de vie est nettement plus faible que celui des nations occidentales.

On observe une grande différence entre les États. Cet indicateur d'empreinte écologique permet-il de mettre le doigt sur une responsabilité particulière de certains d'entre eux?

Historiquement, il y a une responsabilité des pays occidentaux, car ce sont d'abord eux qui ont consommé les ressources. La colonisation du monde a aussi servi à s'approprier les ressources des autres. Cela a permis d'atteindre un niveau de vie élevé dans les pays les plus riches, qui sont responsables du déficit écologique à l'échelle mondiale. Aujourd'hui, d'autres pays cherchent à nous imiter et vont progressivement nous rattraper. Certains d'entre eux sont très peuplés, comme la Chine ou l'Inde, et ces deux facteurs – la population et le niveau de vie – se multiplient.

La publication annuelle de l'empreinte écologique a-t-elle conduit, selon vous, à une prise de conscience?

L'empreinte écologique a permis de réactualiser la question des limites planétaires dans les années 2000, à un moment où l'on en parlait moins. C'était un sujet dans les années 1970, puis on a perdu de vue ces questions la décennie suivante. L'empreinte écologique a permis de relancer ce débat.

Dans l'histoire, à quel moment a-t-on commencé à s'intéresser aux limites des ressources naturelles?

En réalité, la question de la limite des ressources a toujours été présente dans l'histoire de l'humanité. On a commencé à l'oublier à partir du XVIIIe siècle, au moment des Lumières. Petit à petit, un certain nombre de philosophes ont suggéré que l'homme était en dehors, à côté de la nature. Descartes est assez symptomatique de ce courant, en affirmant que l'homme doit devenir «comme maître et possesseur de la nature[3]». Cette dernière doit être mise au service de l'humanité. C'est une vision de la nature très utilitariste. Or c'est

3 René Descartes, *Discours de la méthode*, 1637.

sur ces bases que la société occidentale et la modernité vont se développer. D'une certaine manière, ces notions étaient déjà présentes dans les textes religieux. Je suis environnementaliste et j'ai toujours des difficultés à utiliser le terme «environnement», car cette notion renvoie à quelque chose qui nous entoure. On fait ainsi une différence entre les êtres humains d'un côté et le reste de la nature de l'autre. Or nous sommes des êtres biologiques. À partir du moment où nous avons oublié cela, nous avons perdu de vue la question de la limite des ressources et de la capacité de la nature à supporter nos pollutions. Au cours du XVIIIe puis du XIXe siècle, en Occident, on a donc relégué la nature au second plan. Ces questions ont fait un retour très ponctuel à la fin du XIXe siècle. Il faut se rappeler qu'à ce moment-là, on commence à prendre conscience du changement climatique[4]. Mais ces sujets resteront secondaires tout au long du XIXe et du XXe siècle. Il faudra attendre la seconde moitié du XXe siècle pour que l'on se réapproprie ces enjeux.

Peut-on dire qu'il y a un tournant au début des années 1970, lorsque l'on voit apparaître les premiers mouvements de défense de l'environnement ?

Oui, les années 1970 sont marquées par la naissance de l'écologie politique et des mouvements sociaux porteurs de ces enjeux environnementaux. Les grandes ONG que l'on connaît aujourd'hui, que ce soit le WWF, les Amis de la Terre ou Greenpeace, sont nées de l'émergence, dans la société occidentale, de cette question des limites planétaires. Il y a eu des précurseurs dans les années 1950 et 1960. On peut citer Rachel Carson et ses écrits[5] sur l'impact des pesticides sur les milieux naturels. Mais ce sont les années 1960 et 1970 qui ont vu ces questions monter en puissance. On évoque souvent l'année 1969

4 En 1896, le scientifique suédois Svante Arrhenius découvre le lien entre la concentration de dioxyde de carbone dans l'atmosphère et la température moyenne de la Terre.

5 Rachel Carson, *Printemps silencieux*, *op. cit.*

comme un tournant. À ce moment-là, il y a eu une double prise de conscience. D'abord, du pouvoir de la technologie, en parvenant pour la première fois à marcher sur la Lune. Mais aussi de la finitude de la Terre, que l'on regardait pour la première fois depuis l'espace. Cela a sans doute favorisé la prise de conscience des limites de la planète.

C'est dans ce contexte qu'a été écrit le rapport *Les Limites à la croissance* par l'équipe dirigée par Dennis Meadows.

Exactement. Il a été commandé par le Club de Rome, un *think tank* qui se demandait quelles étaient les perspectives de développement démographique et économique de l'humanité dans un contexte de finitude des ressources.

Le rapport Meadows conclut que les ressources planétaires posent une limite à la croissance. Comment la communauté internationale a-t-elle réagi ?

Il y a eu énormément de débats à la suite de la publication de ce rapport. Mais la communauté internationale a plutôt réagi de manière positive. Il faut dire que les Nations unies avaient pris conscience que les problématiques environnementales étaient souvent de dimension internationale, et que cette instance avait un rôle à jouer. En 1972 a eu lieu à Stockholm une première conférence internationale sur les questions écologiques. À cette occasion a émergé une tension entre les pays du Sud qui, légitimement, demandaient à augmenter leur niveau de vie, et les pays du Nord qui commençaient à prendre conscience des limites planétaires. De là est née la nécessité de réconcilier ces enjeux de développement d'un côté et de protection de la nature de l'autre. C'est dans le cadre de ces négociations internationales qu'en 1983 a été créée la Commission mondiale sur l'environnement et le développement. Cette commission a publié en 1987 le rapport Brundtland, qui proposait le terme de « développement durable », un concept permettant de répondre aux besoins présents en prenant en compte la capacité des générations futures à répondre aux leurs. Une manière de réconcilier les questions d'environnement et de développement.

Pourtant, depuis, nous avons continué à épuiser les ressources aux dépens des générations futures.

Même si le développement durable semblait faire consensus, on s'est rapidement aperçu qu'il y avait une divergence de points de vue sur ce qu'il fallait léguer aux générations futures. Les économistes néo-classiques ont affirmé que la limite des ressources n'était pas un problème, car, selon eux, ce qu'il fallait léguer aux générations à venir était la capacité à produire de la richesse. Dans les théories économiques classiques, pour produire de la richesse, il faut du capital et du travail. Et le capital naturel est considéré comme une forme de capital parmi d'autres. Beaucoup d'économistes estiment que si le capital naturel s'épuise, cela n'est pas si grave, car il sera possible de le remplacer par du capital technique et technologique. Et par de la richesse que l'on va léguer aux générations futures en lieu et place du capital naturel dégradé. De l'autre côté, les environnementalistes nous alertent sur le fait que certaines choses ne sont absolument pas substituables, qu'il faut léguer aux générations à venir des ressources naturelles préservées, la capacité de l'environnement à fonctionner, un climat stable, etc. Ces deux visions sont donc radicalement opposées.

Cette hypothèse de substituabilité des ressources vous semble-t-elle scientifiquement fondée ?

En tous les cas, il faut reconnaître qu'elle a un grand avantage, car elle permet de défendre l'idée que l'on peut continuer à miser sur la croissance économique sans remettre en cause ce dogme. Et, effectivement, cette substituabilité a eu lieu jusqu'à un certain point. Au XIXe siècle, on pensait atteindre assez rapidement un certain nombre de limites, par exemple concernant la productivité agricole. Or nous avons découvert des techniques permettant d'intensifier l'exploitation de la nature, ce qui a permis de repousser les limites. Il y a une multitude d'exemples de ce type. Le problème est qu'en intensifiant l'exploitation des ressources, nous avons augmenté la pression sur l'environnement et créé des déséquilibres écologiques, et nous ne sommes absolument pas sûrs que la technologie apportera une solution. Il n'est pas raisonnable de dire que l'on arrivera à résoudre le changement climatique par des réponses purement technologiques. Pour l'instant, la technologie a surtout déclenché ce que l'on appelle l'effet rebond : lorsque des innovations permettent de réduire notre empreinte écologique, cette baisse est compensée par l'augmentation de la consommation de ce bien ou d'un autre bien. Les exemples sont nombreux. L'un des plus symptomatiques est celui de la voiture individuelle en France entre 1990 et 2015. Les véhicules consomment 15% d'énergie en moins grâce au progrès technique. Malheureusement, sur la même période, on a acheté des véhicules plus lourds et roulé davantage, et la consommation d'essence a donc augmenté de 15%. On le voit bien, la technologie ne suffit pas. S'il n'y a pas en même temps de la sobriété, on n'arrivera pas à résoudre le problème.

Pensez-vous que la croissance économique puisse être durable ?

C'est le débat central du développement durable, et c'est sur cette question de la croissance que l'on achoppe depuis maintenant cinquante ans. La croissance peut-elle être infinie ou non? Il me semble très compliqué d'imaginer que l'on puisse pérenniser la croissance économique pendant des décennies et en même temps résoudre les problématiques environnementales. Dans un pays comme la France, nos dirigeants rêvent d'avoir à peu près 2% de croissance économique chaque année. Cela permet de résoudre le problème du chômage et d'absorber les gains de productivité, c'est-à-dire d'éviter que ceux-ci entraînent des destructions d'emplois. Mais 2% de croissance par an pendant un siècle revient à multiplier par six ou sept notre production et notre consommation. C'est quand même problématique. Cela supposerait des ruptures technologiques phénoménales, qui nous font entrer dans la science-fiction.

Pour repousser les limites, on a intensifié notre impact sur les cycles naturels. Pour mesurer cet impact, les scientifiques ont fixé des repères en identifiant neuf limites planétaires. Quelles sont-elles ?

L'empreinte écologique, malgré ses avantages, reste approximative. Alors, depuis la fin des années 2000, toute une littérature scientifique vise à identifier un certain nombre de limites planétaires, qui montrent jusqu'où la nature peut supporter les dégradations que nous lui faisons subir. Les chercheurs ont identifié neuf grandes limites à l'échelle planétaire. Parmi elles, le changement climatique et l'érosion de la biodiversité, deux questions déjà très présentes dans les médias. Mais d'autres limites sont sur le point d'être dépassées ou le sont déjà. On peut citer la perturbation des cycles de l'azote et du phosphore, qui ont été profondément déréglés par l'agriculture intensive depuis le début du XXe siècle. Le cycle de l'eau douce, aussi, a été énormément perturbé. Font aussi partie de ces limites la diminution de la couche d'ozone, l'acidification des océans due à un excès de CO_2, le changement d'affectation des sols en lien avec la déforestation massive, et la pollution atmosphérique, avec des particules qui commencent à avoir des effets globaux sur le climat, la mousson en Asie par exemple. Enfin, il y a la pollution chimique. Ces limites planétaires sont désormais assez bien identifiées par la communauté scientifique.

Vous dites que certaines de ces limites sont déjà dépassées ou en passe de l'être. Que cela signifie-t-il ?

La difficulté est de fixer une limite à partir de laquelle pourraient se déclencher des changements irréversibles. C'est ce que l'on appelle des points de bascule. Pour le changement climatique par exemple, l'indicateur choisi est le taux de CO_2. Jusqu'à quelle concentration de CO_2 dans l'atmosphère est-il possible de préserver l'équilibre climatique de l'holocène, cette période climatique particulièrement favorable et stable, qui a débuté il y a maintenant plus de dix mille ans? En réalité, il est difficile de déterminer une limite précise. Mais les scientifiques s'accordent pour dire que jusqu'à 350 parties par million (ppm), le système climatique continue à fonctionner à peu près comme avant. Mais au-delà, des effets «boule de neige» peuvent se produire. Des rétroactions positives peuvent nous faire sortir du régime climatique normal beaucoup plus rapidement que ce que l'on imaginait. C'est toute la difficulté de la modélisation des systèmes complexes. Un bon exemple est celui de la fonte de la glace polaire. Cela réduit ce que l'on appelle l'effet d'albédo[6] : il y a moins de surfaces blanches sur Terre, donc le rayonnement solaire est moins réfléchi vers l'espace. Il est davantage absorbé par les océans, qui se réchauffent, ce qui induit un renforcement de l'effet de serre. On estime qu'à partir d'une concentration entre 350 et 500 ppm de CO_2 dans l'atmosphère, on peut générer ces effets d'emballement. Or aujourd'hui, nous avons atteint 410 ppm et sommes donc entrés dans cette zone d'incertitude.

Les différentes limites sont aussi liées les unes aux autres, et interdépendantes. On a besoin d'eau pour faire pousser les cultures, de pétrole pour extraire le minerai. L'augmentation des surfaces cultivées entraîne la déforestation, qui réduit la capacité d'absorption du CO_2, etc. On est face à un système complexe qu'il faut envisager dans son ensemble, au risque d'opter pour de mauvaises solutions.

Effectivement, il faut avoir une approche systémique. Si l'on se focalise uniquement sur le changement climatique, on risque de mettre en place des solutions qui auront des impacts négatifs sur d'autres limites planétaires. Si demain, par exemple, on cherche à modifier le fonctionnement du climat pour réduire la température terrestre à l'aide de la géo-ingénierie, cela ne conduira pas à baisser nos émissions de CO_2. Or ces émissions ont d'autres impacts, par exemple sur l'acidification

6 L'albédo est un indicateur qui mesure la quantité de lumière solaire réfléchie par une surface.

des océans, un autre problème majeur. Il est essentiel de penser cette question des limites planétaires de manière transversale et systémique. Cela remet fondamentalement en cause un certain nombre d'hypothèses sur la substituabilité évoquée tout à l'heure. Mais aussi l'idée que des solutions techniques, très sectorielles, vont nous permettre de résoudre les problèmes. Il est nécessaire d'avoir une vue d'ensemble pour ne pas s'engager sur de fausses solutions qui pourraient reporter les problèmes sur d'autres limites écologiques.

De quel ordre de grandeur devrait-on réduire notre empreinte écologique si nous voulons préserver les ressources pour les générations suivantes ?

Au niveau mondial, il faut presque diviser par deux notre empreinte écologique. En France, il faut la diviser par trois. C'est la hauteur de la marche. La moitié de notre empreinte écologique est constituée par nos émissions de CO_2. Nous devons quasiment annuler cette empreinte carbone, la diviser au moins d'un facteur dix. Mais même si nous supprimons notre empreinte carbone, il reste encore la moitié de notre empreinte écologique, qu'il faut réduire au moins d'un tiers.

Sur quels facteurs faut-il agir pour cela ?

Lorsqu'on regarde à l'échelle mondiale, aussi bien pour les limites planétaires que pour l'empreinte écologique, deux gros secteurs ressortent. D'un côté, il y a les énergies fossiles qui émettent des gaz à effet de serre et dont il va falloir très rapidement apprendre à se sevrer. L'autre gros secteur trop longtemps ignoré, c'est la production agricole, notamment alimentaire. C'est sur ces deux leviers qu'il va falloir jouer.

Il y a effectivement un fort impact de notre consommation de viande, car les trois quarts des terres agricoles sont utilisés directement ou indirectement pour l'élevage. Comment peut-on faire pour réduire

notre empreinte écologique tout en améliorant la situation des pays les plus pauvres ?

Il y a d'énormes divergences concernant l'empreinte écologique des différents pays. Il va falloir apprendre à les faire converger à l'échelle mondiale. Cela veut dire être plus efficace et plus sobre dans l'utilisation des ressources dans les États les plus riches afin de permettre aux pays les plus pauvres d'augmenter leur niveau de vie. C'est le gros défi des décennies à venir.

L'action à l'échelle individuelle est-elle suffisante ou faudrait-il agir de façon plus globale ?

On peut facilement calculer son empreinte carbone ou son empreinte écologique sur Internet. J'invite d'ailleurs les lecteurs à le faire. Le risque est de se dire que c'est uniquement à nous d'agir à l'échelle individuelle. En réalité, vous pouvez peut-être diminuer votre empreinte écologique de moitié en changeant radicalement de mode de consommation. Mais le reste ne peut être réduit que par des actions collectives. Certes, il faut modifier nos comportements individuels, mais aussi changer nos modes de production et mettre à disposition des techniques et des technologies plus efficientes. Nous n'obtiendrons des effets massifs qu'à partir du moment où des actions collectives permettront de généraliser ces changements.

Nous avons déjà été confrontés à un enjeu écologique mondial dans les années 1980, avec le fameux trou de la couche d'ozone. Et nous avons réussi à y répondre efficacement de manière concertée. Est-ce un bon exemple de ce que l'on pourrait mettre en place au sujet des limites planétaires ?

La question de la couche d'ozone est vraiment intéressante. On a découvert ce phénomène au début des années 1980 et très rapidement a eu lieu une prise de conscience politique, suivie de décisions qui ont abouti en seulement quatre ou cinq ans au protocole de Montréal.

Celui-ci a permis de planifier la fin de la production des gaz chlorés qui détruisaient la couche d'ozone. Le problème est que cela ne peut pas fonctionner de la même façon pour le changement climatique. Pour une bonne raison : les émissions de gaz à effet de serre sont liées à l'ensemble de nos consommations. Pour les gaz chlorés, nous avions des substituts. Ce n'est pas le cas pour les énergies fossiles. Leur élimination suppose donc des changements beaucoup plus profonds.

En introduction de votre livre L'Empreinte écologique, vous citez l'exemple de l'Île de Pâques comme celui de l'effondrement d'une civilisation en raison de l'épuisement de ses ressources naturelles. Pourquoi avoir choisi cet exemple ?

Quand nous avons écrit la première édition de cet ouvrage, à la fin des années 2000, on parlait beaucoup de l'histoire de cette île. Il est vrai que lorsque les Européens ont débarqué, ils ont eu un choc. D'un côté subsistaient les vestiges d'une civilisation très développée, les fameuses statues de l'Île de Pâques. Pourtant, la population ne témoignait pas de ce niveau de développement technique. On s'est rendu compte qu'au moment où avaient été érigées ces statues, l'île était couverte de forêts. Une consommation de bois importante avait sans doute permis le développement de cette civilisation. Or, quand les Européens sont arrivés, il n'y avait plus de forêt. Le lien a été fait entre l'effondrement de cette société et la destruction de cet écosystème forestier. En réalité, les choses sont un peu plus complexes, et les connaissances évoluent sur la question de l'Île de Pâques. Mais cela témoigne du lien qui existe entre une civilisation et son écosystème, ses ressources naturelles.

Ce qui est étonnant, c'est que les habitants de l'Île de Pâques ont pu se rendre compte, à l'échelle de leur île, de la disparition progressive de la forêt dont ils dépendaient. Pourquoi, selon vous, n'ont-ils pas réagi avant l'épuisement de cette ressource ?

Il est difficile de répondre à cette question parce qu'une fois de plus, les connaissances évoluent sur le sujet. Mais il semblerait qu'ils aient franchi un point de bascule, un seuil au-delà duquel la forêt n'a plus pu se régénérer. À ce moment-là, il était déjà trop tard. C'est un bon exemple de civilisation qui, à un moment donné, est allée trop loin.

Pensez-vous qu'aujourd'hui, à l'échelle mondiale, nous faisons face à une situation similaire à celle des habitants de l'Île de Pâques ? Est-il encore temps d'ouvrir les yeux ?

L'idée d'un outil comme l'empreinte écologique est précisément d'engendrer une prise de conscience de ce phénomène. Toute la littérature qui s'est développée sur les limites planétaires a le même objectif. Aujourd'hui, nous sommes conscients des risques auxquels nous faisons face. Il faut donc mettre en œuvre des politiques qui permettent d'éviter cet effondrement. Maintenant que nous savons, reste à agir.

CHAPITRE 11

GÉOPOLITIQUE ET MIGRATIONS : UN MONDE SOUS TENSION

Entretien avec François Gemenne, spécialiste en géopolitique de l'environnement, professeur à Sciences Po Paris et Grenoble, à la Sorbonne et à l'université libre de Bruxelles (Belgique), directeur de l'Observatoire Hugo à l'université de Liège (Belgique), première structure de recherche exclusivement dédiée aux problématiques de migration environnementale, auteur de *Géopolitique du climat*[1] et auteur principal pour le GIEC.

1 François Gemenne, *Géopolitique du climat. Les relations internationales dans un monde en surchauffe*, Armand Colin, 2021.

«Le changement climatique remet fondamentalement en cause l'habitabilité de la Terre.»

François Gemenne

Nous avons dressé un terrible constat : celui d'une humanité qui surexploite la planète et dérègle les équilibres naturels. Non seulement nous consommons trop de ressources, qui de ce fait s'épuisent, mais, par nos modes d'exploitation intensifs, nous dégradons aussi la capacité de la nature à produire ces ressources. Résultat, le gâteau à se partager va rétrécir alors que la demande en nourriture, en eau, en énergie ou en métaux ne fait qu'augmenter, alimentée par la volonté de poursuivre coûte que coûte la croissance économique. Une équation décidément impossible.

Sommes-nous proches d'un point de rupture, comme l'évoque Dennis Meadows dans la nouvelle édition de son rapport[2]? Ce qui est certain, c'est que la raréfaction des ressources pourrait déstabiliser certains pays et faire monter d'un cran les tensions internationales. Sans parler de l'effet domino que cela pourrait enclencher. Car la multiplication des conflits pourrait aggraver la pénurie de ressources. Il n'y a qu'à voir les conséquences de la guerre en Ukraine sur l'approvisionnement en blé ou en énergie à l'échelle mondiale. L'ONU alerte aussi sur l'accélération des migrations climatiques, qui pourraient concerner d'ici à 2050 jusqu'à 1 milliard de personnes, poussées à se déplacer par la montée du niveau de la mer, la chute des rendements agricoles, le manque d'accès à l'eau ou des températures invivables pendant plusieurs mois de l'année.

Dans un monde de plus en plus multipolaire, la crise écologique va-t-elle mettre le feu aux poudres? Est-ce une menace pour la paix et la démocratie? Comment prévenir et amortir ces crises?

***Audrey Boehly.* Qu'est-ce qui vous a amené à vous spécialiser sur la question des migrations climatiques, bien avant que ce sujet n'arrive sur le devant de la scène ?**

François Gemenne. C'est un pur hasard, en réalité. Quand j'avais 20 ans, je terminais ma licence en sciences politiques à l'université

2 Dennis Meadows, Donella Meadows et Jorgen Randers, *Les Limites à la croissance (dans un monde fini), op. cit.*

de Liège et j'ai eu l'opportunité de faire une année d'échange à l'université de New York. Pendant cette année, j'ai effectué un stage à la représentation belge auprès des Nations unies. C'est à cette occasion qu'un jour, je me suis retrouvé coincé dans un ascenseur avec l'ambassadeur des Tuvalu. Nous étions en 2001 et pour moi, les Tuvalu n'évoquaient alors que quelques cartes postales exotiques. Pendant que nous attendions le réparateur, il m'a raconté la raison pour laquelle son archipel avait rejoint les Nations unies. Il m'a expliqué les dangers que la hausse du niveau des mers faisait peser sur son pays et le risque que l'ensemble de la population soit à terme déplacé. J'en ai parlé à mon maître de stage, qui m'a confirmé qu'effectivement, la question des réfugiés climatiques serait l'un des grands enjeux des prochaines années. C'est comme cela que j'ai choisi de travailler sur ce sujet, dont personne ne parlait à l'époque. Au début de ma thèse, quand je disais que je travaillais sur les migrations liées au climat, beaucoup de gens pensaient même que je parlais des oiseaux ou des poissons.

Ces dernières années, on a parlé de réfugiés climatiques au Bangladesh, au Soudan ou en Inde. Est-ce un phénomène nouveau ?

C'est un phénomène aussi ancien que l'histoire de l'humanité. En fait, toute la distribution géographique de la population à l'échelle de la Terre a été largement déterminée par des facteurs environnementaux. L'Europe a été colonisée par les hommes préhistoriques parce qu'elle jouissait d'un climat tempéré et de ressources abondantes. On a pléthore d'exemples à travers l'histoire qui expliquent pourquoi les gens se sont installés ici ou là. Les groupes humains qui ont fondé la civilisation égyptienne habitaient auparavant dans le Sahara actuel et ont gagné l'Égypte en raison de la désertification de cette région. Il y a de nombreux exemples de personnes déplacées à la suite de catastrophes naturelles. De tout temps, les gens ont migré à la surface de la Terre à cause de facteurs environnementaux. Et pourtant, au sortir de la Seconde Guerre mondiale, nous avons conçu toutes nos politiques migratoires, notre droit d'asile et des migrations, autour de deux catégories. D'un côté les réfugiés politiques, forcés à partir à cause de violences ou de persécutions, qui sont protégés par le régime international de l'asile. De l'autre, les migrants économiques, qui partent à la recherche de meilleures conditions de vie, d'un emploi, d'un salaire plus satisfaisant. Eux ne sont pas protégés par le droit international, et donc libre à chaque gouvernement de les recevoir ou pas.

Il n'y a donc pas de réfugiés climatiques dans cette classification.

Les facteurs environnementaux sont complètement passés à la trappe, comme si l'on avait oublié qu'il pouvait y avoir d'autres raisons qui poussent les gens à se déplacer. Au fil des années, tout s'est construit autour de cette dichotomie entre réfugiés politiques et migrants économiques. On a même commencé à porter des jugements normatifs. Comme s'il y avait d'un côté les bons réfugiés politiques qu'il faudrait accueillir, de l'autre les mauvais migrants économiques qu'il faudrait renvoyer chez eux. Il serait nécessaire de remettre en cause ces deux catégories, car on sait que sur le terrain, les choses ne sont pas aussi simples, et que les motifs de migration sont très souvent entremêlés les uns aux autres. De plus, d'autres facteurs qui poussent aussi les gens à migrer ne sont pas intégrés dans cette dichotomie : des facteurs environnementaux, mais aussi démographiques ou culturels.

Connaît-on le nombre de migrants climatiques ?

Il est possible de chiffrer le nombre de personnes qui migrent chaque année à cause d'événements extrêmes là où il y a une évacuation, une assistance humanitaire. Ainsi, en 2020, il y a eu 30 millions de personnes déplacées par ces événements climatiques extrêmes, trois fois plus que le nombre de personnes obligées à migrer en raison des violences et des persécutions. C'est une sous-estimation, car il y a toutes celles et tous ceux qui se déplacent à cause des impacts plus lents du changement climatique : la hausse du niveau des mers, la dégradation des sols, etc. Pour eux, la migration est beaucoup plus étalée dans le temps et dans l'espace, et ils échappent à tout comptage.

L'économiste Gaël Giraud[3] m'expliquait que, d'après des modèles sur lesquels il travaille avec des climatologues, une partie de l'Asie du Sud-Est et la côte indienne pourraient devenir inhabitables, car les conditions de chaleur et d'humidité rendraient ces régions invivables plusieurs mois de l'année. Or, ces zones sont très densément peuplées. Cela signifie-t-il de fortes migrations à venir?

Ou alors, beaucoup de morts. Ces zones comptent parmi les régions les plus densément peuplées de la planète et les plus exposées aux impacts du changement climatique. Cela veut dire qu'effectivement, il faut s'attendre à ce que de plus en plus de personnes doivent se déplacer, ou soient déplacées par leurs gouvernements, en anticipation des impacts du changement climatique. Cela signifie aussi que malheureusement beaucoup de personnes se trouveront bloquées, car migrer demande beaucoup de moyens. Ceux qui n'en disposent pas, les plus vulnérables parce que plus pauvres, plus âgés ou moins informés, risquent de se trouver coincés et de devoir affronter de plein fouet les conséquences du changement climatique. Une grande incertitude concerne les politiques qui vont être mises en place par les gouvernements. Va-t-on essayer d'empêcher les migrations à tout prix? Ou va-t-on encourager les gens à se relocaliser afin qu'ils ne soient pas en danger, comme certains ont déjà commencé à le faire? Au Viêtnam, par exemple, le gouvernement a mis en place depuis au moins vingt ans le programme Living with floods[4], qui vise à déplacer des villages situés dans le delta du Mékong vers les collines avoisinantes, de manière à réduire le risque d'inondation.

---

3 Voir chapitre 1, « Meadows, un rapport explosif », entretien avec Gaël Giraud.

4 « Vivre avec les inondations ».

Dans votre livre *Géopolitique du climat*, vous dites que les trois quarts de la population vivant avec moins de 1 dollar par jour dépendent directement de l'agriculture pour leur survie. Or les rendements agricoles vont baisser dans les décennies à venir à cause du réchauffement climatique.

En Afrique subsaharienne, la moitié de la population et 75% des plus pauvres dépendent d'une agriculture vivrière de subsistance, qui leur permet simplement de se nourrir. L'un des effets du changement climatique, même dans le cas d'infimes variations de température et de pluviométrie, va être de réduire à néant ces récoltes. Cela veut dire qu'il va y avoir des crises alimentaires de plus en plus sévères, et sans doute un besoin de migrer de plus en plus fort, les gens ne parvenant déjà plus aujourd'hui à tirer suffisamment de ressources de leurs cultures. À l'heure actuelle, une bonne part des migrants, dits économiques, qui arrivent sur les côtes européennes – qu'ils viennent de Côte d'Ivoire, du Sénégal ou de Guinée – sont des migrants climatiques ou écologiques. Ce qui les pousse à chercher d'autres ressources économiques, c'est qu'ils ne parviennent plus à tirer un revenu suffisant de l'agriculture. Distinguer l'environnement de l'économie est une vision du monde très occidentale. Pour une bonne partie des gens sur cette planète, les ressources économiques dépendent directement des conditions environnementales.

Cela pourrait-il générer des conflits de territoires pour le contrôle des terres les plus fertiles, ou qui sont le mieux irriguées?

C'est déjà le cas. Toute une série de tensions en Afrique subsaharienne sont directement liées à des conflits fonciers, où différentes populations se disputent des terres, où les agriculteurs voient leurs récoltes détruites par des troupeaux car les itinéraires de transhumance sont modifiés à cause du changement climatique. Quand on regarde la situation au Nigeria, dans le nord du Burkina Faso ou autour du lac Tchad, ce sont des conflits fonciers qui créent des tensions entre des bergers nomades et des agriculteurs sédentaires. C'est aussi là que l'on assiste à une recrudescence du djihadisme et du terrorisme, car un certain nombre de groupes djihadistes propose aux populations de protéger leurs terres contre les velléités d'accaparement, en échange de nouvelles recrues. C'est de cette manière que ces groupes recrutent et prospèrent, en partie sur le dos du changement climatique. Tant qu'on ne traitera pas ces questions de conflits fonciers et d'adaptation aux changements climatiques, il y aura des violences et des regains de radicalisation.

Le prix des denrées alimentaires augmente avec la raréfaction des ressources agricoles. La hausse des prix alimentaires, c'est ce qui avait mis le feu aux poudres et déclenché le printemps arabe.

C'est vrai pour le printemps arabe, mais également pour les soulèvements populaires au Soudan il y a quelques années. La faim est un moteur de révolution très puissant. On le voit bien aussi en Europe, où tout le monde craint que l'inflation ne débouche sur des crises sociales. C'est la même chose en Afrique, de façon exacerbée. Pour les gouvernements qui n'auront pas les moyens de mobiliser des aides sociales, de limiter une envolée des prix, il y a fort à craindre que cela débouche sur des soulèvements populaires et sur la déstabilisation de certains États.

Nous n'en avons pas forcément conscience, mais l'élévation du niveau de la mer va complètement redessiner nos côtes, et donc nos cartes de géographie. Ce sont aussi des zones très densément peuplées.

Un certain nombre de régions très densément peuplées deviendront sans doute inhabitées. Cela va redistribuer géographiquement la population à la surface de la planète. C'est l'une des grandes questions que nous pose le changement climatique : où nous sera-t-il possible de vivre ? Le réchauffement climatique remet fondamentalement en cause l'habitabilité de la Terre. Cela signifie aussi que les cartes de géographie, auxquelles nous sommes habitués dans l'imaginaire collectif, vont être redessinées, les contours des terres et des continents vont changer. Certaines frontières délimitées par des éléments naturels vont également bouger. L'Anthropocène est une nouvelle période géologique qui rebat les cartes, non seulement les cartes à jouer, mais aussi les cartes de géographie.

L'élévation du niveau de la mer signifie aussi potentiellement la disparition d'un certain nombre d'États insulaires. Vous avez parlé de l'archipel des Tuvalu, mais il y a aussi les Îles Marshall, les Maldives et bien d'autres. Lors de la COP 26, fin 2021, le ministre des Affaires étrangères des Tuvalu a tenu une conférence de presse les pieds dans l'eau pour alerter sur cette situation.

C'est une question dramatique pour les habitants de ces territoires insulaires. D'autant plus que dans de nombreuses cultures, notamment la culture polynésienne, l'île de naissance fait partie intégrante de soi, est quelque chose de consubstantiel à l'identité des individus. Quitter son île de naissance, c'est abandonner une partie de soi-même. Cela pose aussi une nouvelle question dans le droit international, puisqu'une partie de ces territoires insulaires – dont le point culminant dépasse rarement deux ou trois mètres au-dessus du niveau de la mer – sont des États souverains et indépendants. Il y a évidemment une question humanitaire et sociale quant au fait de devoir reloger la population. Mais aussi une question juridique fondamentale : peut-on imaginer qu'un pays qui perdrait son territoire puisse conserver sa qualité d'État dans le droit international?

Autrement dit, ses habitants vont-ils devenir apatrides?

On a toujours lié la notion d'État à celle de territoire. Aujourd'hui encore, les critères de Montevideo[5], qui définissent ce qu'est un État dans le droit international, précisent qu'il doit disposer d'un territoire, que ce dernier doit être habité de façon permanente et régulé par une

5 La Convention de Montevideo est un traité international signé en 1933 qui définit les droits et les devoirs des États.

autorité. Si le territoire vient à disparaître, peut-on envisager que le pays conserve sa qualité d'État, une sorte d'État virtuel déterritorialisé avec une population qui conserve sa citoyenneté mais qui est déplacée dans un autre pays, voire aux quatre coins du monde? On pourrait l'imaginer, mais c'est tout un pan du droit international qui vacille.

Ces États insulaires essaient-ils d'anticiper cette situation?

Certains vont vouloir se battre jusqu'au dernier moment en pensant que la structure géologique de leur territoire va permettre, dans certaines proportions, de faire face à l'élévation du niveau de la mer. D'autres essaient de préparer l'évacuation de leurs habitants. Mais il est très difficile pour les populations d'anticiper leur dispersion future. Il s'agit d'un véritable dilemme, d'autant plus que les habitants de ces îles sont aussi très divisés. Certains souhaitent partir, en se disant qu'ils veulent donner les meilleures chances à leurs enfants. D'autres sont déterminés à rester jusqu'au bout. Il est très difficile pour les gouvernements de prendre des décisions aussi radicales. Et en l'état actuel du système international, on voit mal quels pays seraient disposés à leur céder une portion de territoire pour déménager. Cela pose aussi la question de ce que signifie la souveraineté. À l'heure du changement climatique, lorsque votre territoire se dérobe littéralement sous vos pieds, non pas à cause de vos actions, mais de celles d'autres États à l'opposé du globe, quelle est encore la signification de la souveraineté nationale? C'est une question qui nécessite réflexion, alors que l'on assiste à une montée en puissance des souverainismes, notamment en Europe.

En France, nous avons aussi des réfugiés climatiques, par exemple ceux de la vallée de la Roya, dans les Alpes-Maritimes, où les dégâts ont été terribles en 2020 après le passage de la tempête Alex.

Bien sûr. Chaque année, des personnes sont déplacées de leur domicile en raison d'événements climatiques extrêmes. On a souvent tendance à imaginer que les gens reviennent dès que la catastrophe est terminée. En réalité, il y a toute une partie des habitants qui ne reviennent jamais et refont leur vie ailleurs. Un tiers des Néo-Orléanais ne sont jamais revenus dans leur ville après le passage de l'ouragan Katrina, en 2005. Des quartiers entiers ont été complètement dépeuplés. Plus de quinze ans après, je doute que cette fraction de la population revienne un jour. Il y a eu un bouleversement démographique complet à La Nouvelle-Orléans après cet ouragan. Certains, aussi, sont revenus, puis repartis, car ils se sont rendu compte que les autres ne regagnaient pas la ville, que les magasins ne rouvraient pas, que leurs voisins n'étaient plus là, que l'école avait dû fermer. Il n'y avait plus de raison de vivre là, au milieu d'un quartier déserté, alors ils ont quitté les lieux à nouveau.

Peut-on dire que tous les États du monde seront touchés par ces déplacements de population, soit au sein même des pays, soit par des déplacements au-delà des frontières ?

Bien sûr, et ils le sont déjà dans une large mesure. La plupart du temps, ce sont des déplacements à l'intérieur des frontières du pays, donc ces déplacements n'attirent pas trop l'attention des autorités. On considère que les gens ont simplement déménagé, que cela n'appelle pas de réponse politique particulière. Nous nous inquiétons à propos des migrations uniquement à partir du moment où il y a un franchissement de frontière. Je dirais même, à partir du moment où il y a un franchissement de continent. Ce qui nous tracasse au fond, quand on parle des migrations, ce sont celles qui viennent de la rive sud de la Méditerranée vers l'Europe. Les migrations intra-européennes, personne n'en parle. Et encore moins lorsqu'il s'agit de migrations à l'intérieur d'un pays. Or, si l'on regarde bien aujourd'hui, les trois quarts des migrants sont des migrants internes. Et cela sera davantage le cas encore avec les migrations liées à l'environnement. Car les gens ne cherchent évidemment pas à fuir leur pays, ils veulent se mettre à l'abri des dégradations environnementales.

Différentes sources annoncent entre 200 millions et 1 milliard de réfugiés climatiques d'ici à 2050. Peut-on parler d'une crise migratoire à venir d'une ampleur que l'on n'a jamais connue ?

Tout va dépendre des politiques que l'on va mettre en place. Va-t-on chercher à encourager ces migrations ou à les décourager? Le risque, avec ces chiffres qui paraissent faramineux, est de provoquer une réaction qui conduirait les gouvernements à fermer davantage leurs frontières. Je me méfie beaucoup de cette idée d'une crise migratoire à venir. Car c'est le fait de voir les migrations uniquement sous l'angle d'une crise qui nous pousse à fermer davantage les frontières et à développer des réflexes extrémistes nationalistes.

Le problème d'accès aux ressources peut aussi être un facteur de conflit entre les États. On évoque des risques d'une guerre de l'eau dans certaines régions du monde, par exemple entre la Chine, l'Inde et le Pakistan. Pourrait-on en arriver là ?

Deux tiers des bassins fluviaux dans le monde sont partagés entre deux ou plusieurs pays. L'allocation de l'eau est réglée par des accords de coopération internationaux entre les pays qui se partagent un bassin fluvial. Or le changement climatique va considérablement transformer le débit de ces fleuves. Dans certains cas, il sera beaucoup plus important, notamment à cause de la fonte de glaciers. Dans d'autres, il va considérablement se réduire. Ces États vont devoir se mettre d'accord sur les quantités d'eau que chacun peut prélever. Et en effet, certains pays risquent d'avoir la tentation de se réserver une quantité d'eau, notamment au moyen de barrages. Il faut absolument intervenir sur ces accords de coopération, car on peut redouter à l'avenir des situations conflictuelles ou tendues entre certains États, notamment entre l'Inde et le Bangladesh, ou entre l'Inde, le Pakistan et la Chine.

Il y a aussi la question de la géo-ingénierie, une manipulation artificielle du climat, comme l'ensemencement des nuages avec des produits chimiques pour faire tomber la pluie. La Chine a annoncé son ambition de faire pleuvoir à la demande sur près de la moitié de son territoire d'ici à 2025, ce qui pourrait générer des tensions avec les pays voisins, comme l'Inde. Car cela modifierait aussi le climat de toute la région.

La grande difficulté est que pour l'instant, il n'y a aucun cadre législatif qui règle ces processus de géo-ingénierie. Ce qui veut dire que chaque État pourrait les déclencher quand il le souhaite, avec potentiellement des conséquences dévastatrices pour les pays voisins. Cela signifie aussi qu'il serait possible pour des laboratoires privés, voire certains individus, comme Elon Musk, d'expérimenter ces techniques. Lorsque ce milliardaire américain a décidé d'envoyer des centaines de satellites dans l'espace pour déployer Starlink, personne n'a rien trouvé à lui dire car aucune réglementation internationale n'existe. Tout le monde se désolait, les astronomes en particulier, du fait que l'observation des étoiles allait être compliquée par ces centaines de satellites au-dessus de nos têtes. Mais personne ne s'y est opposé car il n'y a pas de cadre législatif.

Une autre ressource qui attire aussi beaucoup les convoitises, c'est le pétrole. Il est maintenant documenté que l'on va avoir accès à de moins en moins de pétrole, et à de moins en moins d'énergie globalement. Cela risque-t-il aussi d'accroître les tensions géopolitiques ?

De nombreuses guerres ont été menées pour le contrôle de la ressource pétrolière, ou ont eu les hydrocarbures comme toile de fond. On voit bien à quel point c'est un élément essentiel dans le conflit entre la Russie et l'Ukraine. Notre dépendance aux hydrocarbures russes nous fait financer cette guerre que nous essayons d'arrêter par ailleurs. À l'avenir, il va falloir nous habituer à des énergies moins concentrées. C'est un défi extraordinaire, car cela suppose de laisser dans le sous-sol une grande quantité de charbon, de pétrole et de gaz. La difficulté est de savoir comment convaincre les pays dont le sous-sol est riche de ces hydrocarbures de ne pas les exploiter, et de choisir d'autres types d'énergies que celles qu'ils ont immédiatement à disposition.

Vous venez d'évoquer la guerre en Ukraine. On observe que les conflits peuvent eux-mêmes accélérer les pénuries de ressources et conduire à un effet d'engrenage.

La crainte des Européens est de voir les prix de l'énergie et de l'alimentation s'envoler sur les marchés à cause de la guerre en Ukraine. La souveraineté alimentaire ou la sobriété énergétique, auparavant considérées, parfois de façon caricaturale, comme un retour en arrière, au temps des cavernes ou de la bougie, constituent aujourd'hui des priorités en matière géopolitique et de sécurité stratégique. C'est comme s'il y avait une alliance objective entre les défenseurs du climat et ceux de la paix et de la sécurité. Désormais, des experts du climat et des experts de la défense recommandent exactement la même chose. On voit bien à quel point notre dépendance aux hydrocarbures nous rend faibles sur le plan géostratégique.

Après ce qui vient d'être énoncé, peut-on conclure que l'on se dirige inéluctablement vers un monde où les tensions seront plus fortes ?

Un monde plus chaud sera certainement un monde plus violent. Pas forcément parce qu'il y aura davantage de conflits classiques entre États, mais parce que toute une série d'éléments nécessaires à la sécurité humaine – l'accès aux ressources alimentaires, énergétiques, à l'eau – seront remis en cause par le changement climatique. Cela peut induire des tensions, des soulèvements, des risques d'instabilité et de déstabilisation. Au XXIᵉ siècle, les périls pour la stabilité mondiale ne viennent pas seulement des États forts comme la Russie, mais aussi des États faibles, où le gouvernement n'a pas vraiment le contrôle sur son territoire.

Dans les pays occidentaux, ces risques alimentent des peurs et la montée des populismes. Est-ce une menace pour la démocratie ?

Le risque est d'aller vers une sorte de «bunkérisation» du monde. Il va malheureusement y avoir de plus en plus de repli sur soi. Les plus vulnérables, les plus pauvres en particulier, seront les premiers touchés. Parmi les nantis, il va y avoir une tentation de l'isolationnisme. Et cela va provoquer, je pense, la montée de certains nationalismes. Il pourrait y avoir une sorte d'alliance entre des thèses d'extrême droite et des thèses survivalistes. Personnellement, cela me fait très peur.

Selon vous, y a-t-il une autre voie ? Comment faire pour prévenir ces tensions géopolitiques et les impacts sur nos démocraties ?

Réduire nos émissions de gaz à effet de serre reste évidemment la priorité. Mais on se rend compte que cela ne suffira pas. Il faut aussi anticiper les impacts du changement climatique de manière à construire des sociétés plus résilientes. Cela implique notamment de comprendre comment, et dans quelles conditions, vont s'opérer certains basculements sociaux. À ce titre, un concept intéressant est celui du seuil de rupture sociale, qui montre que parfois les ruptures dans la société ne sont pas directement corrélées à l'ampleur d'un événement. Parfois, même de petits changements suffisent à produire un effet de bascule, car c'est la goutte d'eau qui fait déborder le vase. Il faut avoir une compréhension beaucoup plus fine de ces questions, car cela permettra de construire des sociétés plus aptes à éviter ces basculements irréversibles.

Dans votre livre, vous soulignez également la nécessité d'anticiper et de mettre en place des stratégies d'adaptation au sein de chaque pays. Que cela veut-il dire concrètement ?

On a tendance à attendre qu'une crise survienne pour réagir, alors que si nous les anticipions, nous pourrions faire en sorte que le risque ne se transforme pas en crise. Que cela veut-il dire concrètement?

D'abord, dans nos pays industrialisés, il y a des infrastructures à renforcer ou à construire pour faire face à différents aléas climatiques. Il y a aussi des enjeux d'aménagement du territoire, de modèle agricole, ou de modèle économique dans certains secteurs. On donne souvent l'exemple des stations de sports d'hiver, mais il y a beaucoup d'autres secteurs où il va falloir revoir le modèle. Et puis, il y a des nécessités humanitaires, avec les questions d'alerte précoce et d'évacuation des populations. Au cours de l'été 2021, des inondations dévastatrices ont eu lieu en Belgique et en Allemagne. Ces pays considérés comme modernes n'étaient pas préparés à faire face à ce type de catastrophe. Les habitants ont été prévenus tardivement, certains n'ont pas été évacués alors qu'ils auraient dû l'être. On avait laissé construire en zone inondable. C'est tout cela qu'il va falloir revoir.

Les pays sont très inégaux en termes de capacité d'adaptation, car cela demande des moyens financiers. Or les pays du Nord ne sont pas vraiment prêts à une solidarité avec les pays du Sud qui sont en première ligne, et ce, malgré la responsabilité historique des pays riches dans le réchauffement climatique.

Le problème des politiques d'adaptation est qu'elles ont un coût, mais que cet investissement ne va donner lieu à aucun profit. Il va permettre de s'épargner certains coûts, mais ne va pas rapporter de bénéfice net. Il est donc beaucoup plus difficile pour les pays industrialisés d'investir dans des stratégies d'adaptation dans les pays du Sud que dans des stratégies de réduction des émissions, dont ils peuvent espérer retirer des profits. Les montants qui avaient été promis en 2009 aux pays du Sud ne sont toujours pas mobilisés, et le seront au plus tôt en 2025. Par ailleurs, ils sont insuffisants. De plus, ils sont souvent mobilisés soit sous forme d'aides qui existaient déjà et que l'on va présenter comme de l'aide à l'adaptation, soit sous forme de prêts, ce qui n'a aucun sens puisque ces investissements ne peuvent pas générer de bénéfices.

Existe-t-il des instances internationales autres que celles dédiées au climat dans lesquelles ces problématiques sont discutées ?

En parallèle de la question climatique elle-même, il y a des instances chargées d'assurer une coordination en matière de prévention des catastrophes et de secours. Toute une série d'agences humanitaires mettent en commun leurs travaux et leurs actions avec d'autres. Il y a aussi une coopération croissante avec les forces armées, qui sont de plus en plus mobilisées lors des catastrophes naturelles. Cela existe, mais encore à l'état embryonnaire. Et ces moyens ne sont parfois pas activés lorsque la catastrophe survient.

La sobriété, qui permet d'économiser les ressources, est-elle un levier important qu'il faudrait activer d'urgence ?

Bien sûr. Avec la guerre en Ukraine, on voit à quel point certains gestes assez simples de sobriété énergétique – comme baisser la température chez soi ou rouler plus lentement sur l'autoroute – permettent de réduire notre dépendance au pétrole et au gaz russes. Ce ne sont même plus des gestes écolos, cela fait partie des plans officiels de l'Agence internationale de l'énergie. Toute une série de propositions à l'origine pour le climat deviennent des aspects essentiels de notre sécurité et de notre positionnement géostratégique. En effet, il va falloir aller vers plus de sobriété énergétique. Cela ne passera pas uniquement par des efforts individuels. Des politiques publiques doivent aussi être mises en place en matière de rénovation des bâtiments, d'aménagement du territoire et d'offre de transports publics afin de réduire notre consommation d'énergie et notre dépendance vis-à-vis de certaines puissances étrangères.

J'aimerais revenir sur la question des migrants climatiques. Faudrait-il modifier le droit international pour leur accorder des droits ?

C'est assez compliqué. D'abord, le débat public autour de l'asile et de l'immigration ne va pas vraiment dans le sens d'une plus grande protection des réfugiés. Par ailleurs, une partie des pays du Sud n'est pas pour l'établissement d'un statut de réfugié climatique. À la fois parce que certains États ne veulent pas être perçus comme des pays producteurs de réfugiés, qu'ils assimilent à des États faillis persécutant leur population, comme en Syrie, en Libye ou en Afghanistan. D'autres voient la création de ce statut comme une défaite face aux impacts du changement climatique, une façon de baisser les bras. Surtout, la plupart des pays africains se rendent compte qu'aujourd'hui 85% des réfugiés protégés par la Convention de Genève sont hébergés dans des pays du Sud. Certains d'entre eux voient donc cela comme une manière pour les pays industrialisés de se débarrasser du problème en créant un statut sans fournir les financements qui permettraient d'organiser un accueil décent. Par conséquent, je ne suis pas sûr que ce soit vraiment la solution au problème. D'autant que des choses ont déjà été faites en matière de protection des droits des réfugiés. En octobre 2015, 110 gouvernements ont signé l'agenda de protection de l'initiative Nansen, un guide de recommandations et de bonnes pratiques à mettre en œuvre face aux déplacements de population liés à l'environnement. Cet agenda a débouché en 2016 sur la création d'une nouvelle organisation internationale[6], qui a précisément pour but de travailler avec les gouvernements à la protection des droits des déplacés. Parfois, il est en effet plus facile de travailler directement avec certains gouvernements que de mettre en place une grande convention internationale.

La clé n'est-elle pas d'anticiper ces phénomènes et de se préparer à l'accueil des populations qui vont se déplacer ?

Absolument. Notre problème est que nous sommes toujours dans une posture réactive face aux flux migratoires. Généralement, nous allons réagir dans le désordre et la désorganisation, ce qui va conduire

6 Créée suite à l'initiative Nansen, la Plateforme sur les déplacements liés aux catastrophes (PDD) vise à améliorer la protection des personnes déplacées dans un contexte de catastrophes et de changements climatiques.

à des crises humanitaires, à des gens massés aux frontières dans des camps, à la fermeture des frontières et à toute une série de naufrages en Méditerranée ou dans la Manche. Et cela tient, je crois, à une raison fondamentale : nous n'avons pas encore admis que les migrations étaient une transformation structurelle de nos sociétés. Nous continuons à les considérer comme un phénomène qu'il faudrait éviter, comme un problème à résoudre ou une crise à gérer. Il y a un grand impensé politique autour des migrations qui nous empêche de les organiser pour qu'elles se déroulent au mieux, dans l'intérêt de tous – des migrants, mais aussi des sociétés d'accueil et d'origine. Puisque nous avons des modèles prospectifs grâce auxquels il est possible d'anticiper certains impacts du changement climatique, il faudrait instituer dès maintenant des politiques migratoires, des accords régionaux ou bilatéraux qui permettent d'offrir des perspectives aux gens, d'organiser leur migration à l'avance. Ce qui nous empêche d'anticiper cela est ce que j'appelle le paradigme de l'immobilité. Autrement dit, l'idée que dans un monde idéal, chacun resterait chez soi et que les migrations n'existeraient pas. Mais les migrations ont toujours existé, et plus nous les anticiperons, plus nous pourrons les organiser dans l'intérêt de tous.

Selon vous, a-t-on encore la possibilité de mettre en place ces financements, ces infrastructures, et de changer les mentalités à propos des migrations ? A-t-on le temps de se préparer aux changements qui nous attendent ?

Nous n'avons pas trop le loisir de nous poser la question. Plus tôt nous le ferons, plus nous nous donnerons de chances de réduire la souffrance des premiers concernés. Au contraire, plus nous attendons, plus nous risquons que des crises se produisent et deviennent insupportables. Je n'aime pas l'idée qu'à un moment donné, il serait trop tard. Car il est toujours possible de faire mieux. En réalité, ces phénomènes sont graduels. Chaque dixième de degré compte, et tout ce que l'on pourra faire pour anticiper va aussi compter.

CHAPITRE 12

CESSER DE CROÎTRE POUR CONTINUER DE VIVRE

Entretien avec Dominique Méda, sociologue, philosophe, directrice de l'Institut de recherche interdisciplinaire en sciences sociales de l'université Paris-Dauphine, présidente de l'Institut Veblen et autrice de nombreux ouvrages sur la croissance économique, comme *Qu'est-ce que la richesse ?*[1] et *La Mystique de la croissance*[2].

1 Dominique Méda, *Qu'est-ce que la richesse ?*, Flammarion, 1999.

2 Dominique Méda, *La Mystique de la croissance. Comment s'en libérer*, Flammarion, 2013.

«Une crise est un moment clé où l’on peut choisir
une autre voie. Il va falloir abandonner certaines choses,
ouvrir de nouveaux chemins.
C’est une fantastique opportunité.»

Dominique Méda

Nous voilà au dernier chapitre de cette enquête. Au fil de ces entretiens, j'ai pris le temps de comprendre en profondeur les enjeux de la crise environnementale. Les alertes se multiplient sur tous les fronts : production agricole, pêche, eau, énergie, minerais... Nous consommons bien trop de ressources, au-delà de ce que la planète peut nous offrir. Et nous avons déjà dépassé six des neuf limites planétaires, ces seuils au-delà desquels l'habitabilité de la Terre serait compromise.

Ce qui me rassure est que l'origine du problème est désormais bien identifiée. C'est la poursuite d'une croissance économique illimitée dans un monde fini qui nous mène droit dans le mur. Plus on poursuit la croissance, plus on consomme de ressources, plus on pollue et plus on émet de gaz à effet de serre... Or cette croissance économique est présentée depuis des années comme notre seule planche de salut, la condition *sine qua non* du progrès humain et du plein-emploi. On nous l'a mille fois répété : «Il n'y a pas d'alternative.» Et pourtant, il va falloir en trouver une.

Alors, comment dépasser le modèle actuel, où la croissance est devenue notre seule boussole? Comment mettre en place un autre modèle de société, qui favorise à la fois la sobriété des modes de vie, la préservation des écosystèmes et le développement humain?

***Audrey Boehly.* La crise du covid a constitué un profond bouleversement qui a fait naître l'envie de passer à un monde différent, le fameux « monde d'après », qui prendrait mieux en compte les priorités écologiques et sociales. Or, nous sommes très vite revenus au monde d'avant, avec un plan de relance qui avait pour unique objectif le retour à la croissance. Peut-on dire que la croissance économique est encore notre seule boussole?**

Dominique Méda. Elle l'est de plus en plus. Malgré les critiques qui ont pu émerger dans les années 1970, puis dans les années 1990 et plus récemment, la croissance reste une sorte de fétiche, notre alpha et notre oméga. On l'a bien vu pendant la crise sanitaire. On a déploré la perte de points de PIB, et c'était presque le seul repère avec le décompte des morts et des personnes en réanimation. C'est vraiment l'indicateur majeur, et l'échelle de mesure de nos performances.

Comment en est-on arrivé à placer la croissance comme objectif central de nos sociétés ?

C'est une histoire que l'on fait souvent remonter à William Petty. Au XVIIe siècle, cet économiste britannique essaie de calculer le revenu d'une nation pour mesurer sa richesse. Un ouvrage très important est aussi celui d'Adam Smith, *Recherches sur la nature et les causes de la richesse des nations*, publié en 1776, dans lequel il montre que l'important pour une société est le volume de sa production. Plus on va produire, plus il y aura un ruissellement de la richesse, dit-il, jusqu'aux dernières classes du peuple. Mais à ce moment-là, on ne dispose pas encore d'outils de mesure très précis de la production. Cela va s'améliorer au XXe siècle avec l'invention de la comptabilité nationale[3], l'instrument à partir duquel on calcule le produit intérieur brut. Dès lors, on va pouvoir calculer de plus en plus précisément la croissance annuelle et cela va devenir notre principal indicateur.

Qu'est-ce le produit intérieur brut (PIB), et comment le calcule-t-on ?

C'est la valeur monétaire de la production, la somme de la création de richesse. Pour être plus exact, c'est la somme du produit intérieur brut marchand et du produit intérieur brut non marchand. Il est important de le préciser, car, jusqu'en 1976, on ne tenait pas compte du PIB non marchand, c'est-à-dire ce que produisent les administrations, les fonctionnaires, les services publics, etc.

3 La comptabilité nationale mesure des flux monétaires afin de présenter l'activité économique d'un pays dans un cadre comptable.

Spontanément, on associe la croissance économique au progrès humain. Est-ce ce qui s'est produit jusqu'ici ?

Oui, et c'est d'ailleurs pour cela que l'on a considéré qu'il serait plus simple de viser un taux de croissance plutôt que d'autres indicateurs. «Si j'ai un bon taux de croissance, alors j'ai une amélioration de la santé, de l'éducation, des revenus, etc.», se disait-on. Cela a été vrai pendant longtemps. En particulier pendant les Trente Glorieuses, au cours desquelles le fort taux de croissance a entraîné une amélioration de tous ces paramètres. Mais cela ne tient plus aujourd'hui. On assiste à un plafonnement, voire à un rendement décroissant de la croissance. Cela a été montré par des économistes. Je pense à Jean Gadrey qui, dans son livre *Adieu à la croissance*[4], démontre qu'au-delà d'un certain revenu pour un pays, on n'observe plus de corrélation entre le taux de croissance d'un côté, et la santé, l'éducation et les revenus de l'autre. On obtient même parfois le résultat contraire. Par exemple, les États-Unis continuent à connaître une croissance économique, mais il y a de plus en plus d'obésité et une baisse de l'espérance de vie. En France, et dans beaucoup d'autres pays, la croissance s'accompagne d'une augmentation des inégalités.

Pourtant, on s'imagine que si la croissance augmente, le niveau de vie global devrait automatiquement s'améliorer.

La croissance peut s'accompagner d'une augmentation du niveau de vie pour tous. Mais elle peut aussi ne bénéficier qu'à une toute petite partie de la population qui surconsomme, pendant que les autres n'ont pas un niveau de vie suffisant. C'est ce que l'on observe en France aujourd'hui. Idem pour le taux de chômage : vous pouvez avoir le même taux de croissance avec beaucoup ou peu de chômage. Le taux de croissance ne dit rien de la manière dont la consommation et la participation à la production sont réparties dans la société.

4 Jean Gadrey, *Adieu à la croissance. Bien vivre dans un monde solidaire*, Les Petits Matins, 2010.

Les inégalités ont-elles beaucoup augmenté ?

Les inégalités ont augmenté tout en haut du décile supérieur[5], du fait du 0,1% de la population qui concentre le plus de richesses. On observe une polarisation de plus en plus grande des inégalités, notamment des inégalités de patrimoine, comme l'économiste Thomas Piketty l'a très bien montré.

Le PIB n'intègre pas non plus les enjeux écologiques ni le coût des destructions environnementales de nos activités.

Tout à fait. En résumé, cet indicateur n'est pas du tout satisfaisant. Il laisse complètement de côté de nombreuses activités déterminantes pour la société : le travail domestique, le bénévolat, les activités politiques. Pourtant, c'est important les activités politiques, amicales, amoureuses. Tout cela compte pour zéro. Que cela veut-il dire? Cela signifie que si ces activités disparaissent, ce ne sera inscrit nulle part. C'est la même chose pour les questions écologiques. Cette comptabilité ne prend pas en compte le patrimoine. Je vais produire plus, produire de la valeur ajoutée, mais je ne vais pas du tout regarder les conséquences sur le patrimoine que j'utilise pour fabriquer cette valeur ajoutée. C'est à la fois vrai pour le patrimoine écologique et pour le patrimoine social ou la cohésion sociale. Je peux avoir une forte valeur ajoutée, avec un niveau très élevé de balkanisation de la société, de délitement de la cohésion sociale. Je peux également produire ma valeur ajoutée en détruisant complètement mon patrimoine naturel. Nous pourrions nous retrouver – et cela arrive dans un certain nombre de pays – avec des taux de croissance importants, mais avec un patrimoine de plus en plus dégradé.

La croissance économique s'accompagne forcément d'une augmentation de la consommation des ressources. Or les chercheurs que j'ai interrogés me l'ont tous dit : nous sommes en train d'atteindre

5 Les 10 % les plus riches en termes de patrimoine.

ou de dépasser les limites des ressources disponibles, que ce soit en eau, en poisson, en énergie, en métaux ou en terres agricoles. Peut-on dire que le fait de poursuivre la croissance nous mène tout droit au dépassement des limites planétaires ?

Bien sûr, et c'est ce qu'a montré le fameux article des chercheurs Johan Rockström et Will Steffen sur les limites planétaires en 2009[6], actualisé en 2015. Oui, il y a des limites physiques naturelles que nous sommes en train de dépasser. Le PIB n'est qu'une convention. D'ailleurs, l'inventeur du PIB, Simon Kuznets, l'a lui-même souligné. Dans les années 1940, cet économiste américain a essayé de calculer le revenu national de son pays. Il s'est interrogé, par exemple, sur le fait d'inclure le travail domestique. Cela faisait-il partie du revenu national ou non? Il a fini par décider de ne pas l'ajouter, car cela relevait plutôt selon lui des affaires familiales. On voit bien que c'est une convention, qui, de surcroît, est exprimée en termes monétaires. Tout ce qui est de l'ordre de la quantité physique, de la qualité - quantité de forêt, qualité de l'air, de l'eau - n'est inscrit nulle part. Par conséquent, de même que nous pouvons supprimer des activités très importantes pour la cohésion sociale, nous pouvons détruire nos forêts, notre air respirable et tout notre patrimoine naturel sans que le PIB ne nous en dise rien.

Il y a cinquante ans, le rapport Meadows montrait déjà que la croissance économique nous mène au dépassement des limites planétaires.

Parfaitement. Ce rapport est très intéressant car il s'appuie sur des concepts physiques et sociaux, et non sur le prix. C'est aussi pour cela qu'il a été radicalement remis en cause par des économistes. Je raconte à mes étudiants la critique cinglante que l'économiste William Nordhaus a formulée à l'encontre du rapport Meadows, et qui nous a fait perdre cinquante ans. Que dit-il? Que ce rapport ne vaut rien car on a oublié

6 Johan Rockström, Will Steffen *et al.*, « A safe operating space for humanity », *Nature*, vol. 461, 2009, p. 472-475.

de parler du prix, qui est le soubassement du produit intérieur brut. Le prix est non seulement une convention, mais il est complètement hors-sol. Ce n'est pas la même chose qu'une comptabilité physique.

Le PIB est donc un indicateur qui nous mène à la catastrophe. Pourrait-on s'appuyer sur un indicateur plus fiable ?

Il en existe beaucoup. Depuis la fin des années 1990, avec mes collègues, nous avons fait un travail de repérage des indicateurs alternatifs existants et tenté de comprendre quels sont les meilleurs pour remplacer – ou au moins compléter – le produit intérieur brut. Un grand nombre d'indicateurs ont été proposés. L'économiste français Jean-Marie Harribey et d'autres auteurs suggèrent d'utiliser un indicateur de progrès véritable, qui consiste à valoriser monétairement ce que l'on ne compte pas pour le moment : le travail domestique, l'environnement, etc. Cependant, tout traduire sous forme monétaire nous semble dangereux. Nous proposons un ou deux indicateurs qui donneraient une idée de l'évolution de la santé sociale. C'est le cas d'un indicateur construit par ma collègue, l'économiste Florence Jany-Catrice. À côté de cela, nous pourrions prendre l'empreinte carbone pour représenter l'évolution de notre patrimoine naturel et de sa dégradation. Il me semble que ces deux indicateurs, l'indice de santé sociale et l'empreinte carbone, pourraient être utilisés pour encadrer le produit intérieur brut et lui poser des limites à ne pas dépasser.

Si je comprends bien, changer d'indicateur, c'est modifier en profondeur la manière dont nous concevons la société. Abandonner le PIB comme indicateur principal, cela veut dire arrêter de mettre l'économie au centre. Est-il vraiment possible de s'affranchir de la croissance économique ? Pourrait-on envisager un monde post-croissance ?

Cela est possible et même absolument nécessaire. Il existe désormais un grand nombre de travaux qui indiquent que nous devons changer de cosmologie pour réencastrer l'humain dans la nature, braquer le projecteur sur les interdépendances entre les humains et les autres espèces. Comme le montre magnifiquement l'écologue américain Aldo Leopold dans *Almanach d'un comté des sables*[7], il faut passer d'un paradigme de la conquête et de l'exploitation de la nature par l'humain à un paradigme de l'amour, du respect et du prendre soin. Il est nécessaire de prendre soin de la Terre et de l'ensemble des espèces qui l'habitent. Il faut changer de cosmologie, de paradigme et d'indicateur. Et bien sûr, de politiques publiques pour s'inscrire dans les limites que nous indiqueront ces nouveaux indicateurs.

Quand on parle de s'inscrire dans les limites, cela signifie plus de sobriété dans notre consommation. On retrouve cela dans le rapport Meadows, puisque sur la dizaine de scénarios étudiés, le seul qui permet d'éviter l'effondrement du système est celui où l'on stoppe volontairement la croissance économique. Aller vers la sobriété, consommer moins mais mieux, cela fait-il partie des choses qu'il faut changer ?

Oui, il est nécessaire de stabiliser la consommation et d'adopter des modes de vie sobres. Il me semble intéressant de rapprocher, à cinquante ans de distance, le rapport Meadows et les scénarios récents de l'Ademe[8]. Ces quatre scénarios pourraient nous permettre d'atteindre la neutralité carbone en 2050. Mais les plus aptes à le faire sont les scénarios un et deux qui, l'un comme l'autre, misent sur la sobriété. Dans le premier scénario, sur une sobriété très forte, avec des quotas et des limites. Dans le deuxième, sur une sobriété un peu plus modérée. Mais dans tous les cas, la sobriété exigée va principalement s'adresser aux pays les plus riches, et à l'intérieur de ces pays, aux classes les plus aisées. Il ne faut jamais oublier cela. Le discours de sobriété est parfois mal reçu par les classes populaires, qui n'ont déjà

7 Aldo Leopold, *Almanach d'un comté des sables*, Gallmeister, 2022.

8 Ademe, *Transition(s) 2050. Choisir maintenant, agir pour le climat*, novembre 2021.

pas de quoi consommer. Ce sont aux classes les plus riches de se rapprocher, dans leurs pratiques, des comportements des populations qui vivent déjà de façon très sobre.

La consommation est aujourd'hui vécue comme émancipatrice, comme une manière d'exercer sa liberté individuelle. Est-ce une illusion ?

Ce n'est pas complètement une illusion. Il y a eu beaucoup de travaux importants sur ce sujet. Je pense à ceux du sociologue américain Thorstein Veblen dès 1899, ou du philosophe français Jean Baudrillard dans les années 1970. Ils montrent que la consommation ne sert que très peu à satisfaire des besoins naturels. La majeure partie permet d'exprimer un positionnement social, de s'affilier à un groupe ou de se distinguer. La consommation est un langage. Et si c'est un langage, alors cela peut ne jamais s'arrêter. Car on voudra toujours essayer de se différencier davantage. C'est un infini avec lequel il faut rompre. Ce n'est donc pas vraiment une illusion, mais peut-être pourrait-on se passer de ce type de liberté.

Aller vers plus de sobriété pourrait-il même être émancipateur ? On imagine que la sobriété donne accès à moins de confort, mais ne permettrait-elle pas d'accéder à davantage de choses essentielles : plus de bien-être, d'air respirable, de temps libre, de sens au travail ?

Vous avez parfaitement raison. Ce que nous devons viser aujourd'hui, ce n'est plus la quantité. Or le produit intérieur brut s'appuie plutôt sur des quantités. Il faut remplacer cela par un objectif de qualité. La productivité signifie une intensification du travail, un mal-être professionnel, mais aussi de mauvais services. On a beaucoup parlé du scandale des maisons de retraite. Si vous faites la toilette d'une personne en sept minutes plutôt qu'en treize, alors vous aurez réalisé des gains de productivité. Or ce n'est bon pour personne : ni pour l'aide-soignant, qui a l'impression de bâcler son travail, ni pour le résident, qui est déshumanisé. Aujourd'hui nous devons faire des gains de qualité et de durabilité. Mais nous ne disposons pas encore des outils qui nous permettent de le mesurer.

Dans un monde post-croissance, serait-il possible de réduire les inégalités ?

C'est même l'une des conditions de la réussite. Il faut que les classes les plus aisées renoncent à un certain nombre de pratiques comme les voyages en avion. Vous allez me dire que ces derniers se sont démocratisés. Certes, néanmoins, ce sont toujours les classes les plus aisées qui utilisent le plus ce mode de transport. La sobriété passe par l'égalité, par un rapprochement des pratiques.

On associe la croissance économique à l'emploi. Pourrait-on résorber le chômage dans un monde sans croissance ?

Si nous effectuons cette reconversion écologique, nous aurons besoin de plus de travail humain. Car nous allons devoir renoncer à tout ce stock de machines très consommatrices d'énergie. La bonne nouvelle est que les secteurs que nous allons devoir réduire sont moins intensifs en main-d'œuvre que ceux qu'il faut développer. La mauvaise nouvelle est qu'il va falloir accompagner ces restructurations. Et cela, nous n'avons jamais su le faire. Souvenez-vous de la crise du textile, ou de celle de la sidérurgie. Nous avons mis les gens en préretraite ou au chômage, et avons été incapables d'anticiper pour organiser ces restructurations. Nous avons ici un chantier gigantesque à mener. Les secteurs qui vont devoir employer beaucoup de main-d'œuvre sont l'agriculture et le bâtiment. Et selon moi, il va sans doute se passer le contraire de ce que l'économiste Alfred Sauvy avait prévu. Pour lui, la révolution industrielle allait de pair avec une perte d'emploi dans le secteur primaire au profit du secteur secondaire, puis du secteur tertiaire[9]. C'est ce que l'on appelle le déversement. À mon avis, nous allons

9 Le secteur primaire regroupe les activités d'exploitation des ressources naturelles (agriculture, pêche, sylviculture, mines, etc.). Le secteur secondaire rassemble les entreprises qui transforment les matières premières (industrie, construction, etc.). Le secteur tertiaire se compose des services marchands (commerce, transports, tourisme, communication, etc.) et non marchands (enseignement, santé, action sociale, etc.).

vivre un antidéversement. Nous allons avoir besoin de plus en plus d'emplois dans le secteur primaire – l'agriculture a perdu presque tous ses effectifs – et dans le secteur secondaire pour reconstruire complètement notre économie. Il faudra procéder à une relocalisation de la production. Notre agriculture nous permettra de nous nourrir. Nous pourrons peut-être fabriquer notre énergie. La rénovation des bâtiments va produire beaucoup d'emplois. Globalement, ce seront des emplois différents de ceux qu'a générés la financiarisation de nos économies depuis une vingtaine d'années.

Quels leviers permettraient d'accompagner cette transition en termes d'emploi ?

Il faut que nous mettions en place une planification et un retour à l'aménagement du territoire. Depuis une trentaine d'années, nous avons connu un phénomène de métropolisation. Nous avons concentré la population dans de très grandes villes et avons été incapables de redistribuer l'activité et l'emploi sur l'ensemble du territoire. Par exemple, la rénovation thermique des bâtiments va nous coûter très cher, mais cela va nous permettre à la fois de faire des économies d'énergie, d'améliorer les conditions de vie des gens et de créer des emplois. Mais où faut-il la faire, et comment? Faut-il rénover tous les bâtiments existants ou faut-il en profiter pour recréer de l'activité dans les villes petites et moyennes? Faut-il abandonner les bâtiments de mauvaise qualité pour reconstruire ailleurs? Bref, une politique d'aménagement du territoire s'impose. Or je n'en vois pas pour l'instant.

Vous appelez de vos vœux une véritable transformation de l'économie et de l'organisation de nos sociétés. Serait-il réaliste de mettre cela en œuvre à l'échelle d'un seul pays comme la France ? Ou faudrait-il voir plus grand, à l'échelle de l'Europe par exemple ?

Faisons feu de tout bois. On peut accomplir beaucoup de choses à l'échelle nationale. Tout ce que l'on pourra mettre en place à l'échelle européenne sera aussi extrêmement important et nous facilitera la tâche. Commençons déjà localement, au niveau national, à faire tout ce qu'il est possible de faire.

Selon vous, une planification est nécessaire pour aller vers ce monde post-croissance. Que cela voudrait-il dire concrètement ?

Il faudrait que l'on ait, comme en 1946, un Commissariat général au Plan capable de mettre autour de la table l'ensemble des acteurs des régions et des partenaires sociaux pour organiser cet aménagement du territoire. Où rénove-t-on ? Où reconstruit-on ? Comment remet-on de l'activité dans les villes petites et moyennes ? Le véhicule électrique est-il la bonne solution ou ne faudrait-il pas envisager un recours plus massif au vélo, à la marche, aux transports en commun ? Comment organise-t-on un report modal vers le train ? Bref, nous devons repenser toutes nos infrastructures. Il faut que cela soit articulé entre le niveau national, européen et le niveau local. Cette planification doit être orchestrée. Cela ne signifie pas que l'État fasse tout, mais qu'il contribue à mettre autour de la table l'ensemble des acteurs afin de décider collectivement du chemin à suivre pour organiser la reconversion écologique.

Pour se diriger vers une nouvelle forme d'organisation de la société, il faut en avoir envie. Selon vous, cette société de demain est-elle désirable ?

Elle l'est, et je pense que son caractère désirable n'est pas assez mis en avant. Par exemple, j'aime bien les prospectives qui montrent que nous pourrions être organisés en biorégions, des territoires presque autosuffisants en énergie et en ressources alimentaires. Au lieu de prêter le flanc à l'idée que l'écologie serait punitive, il faudrait montrer tout ce que l'on gagnerait en nouveaux liens sociaux, mais peut-être aussi en sens du travail, avec des entreprises de plus petites tailles, organisées de façon plus démocratique, décidant ensemble de ce qu'il faut produire. Il faudrait plus de représentations à la fois littéraires et artistiques pour nous montrer tout ce que ce nouveau monde aurait de désirable.

La crise écologique à laquelle nous faisons face pourrait-elle être une opportunité de refonder nos sociétés?

Dans son livre *Effondrement*[10], Jared Diamond explique que le mot «crise» en chinois est formé de deux syntagmes : «rupture» et «changement». Une opportunité de changement. Il souligne qu'une crise est un moment clé où l'on peut choisir une autre voie. Il va falloir abandonner certaines choses, ouvrir de nouveaux chemins. C'est une fantastique opportunité.

10 Jared Diamond, *Effondrement. Comment les sociétés décident de leur disparition ou de leur survie*, Gallimard, 2006.

CONCLUSION

Au fil de ces treize entretiens, j'ai mené l'enquête auprès d'experts et de scientifiques qui font référence, chacun dans leur domaine. Et le constat est accablant. Non seulement notre façon de vivre n'est pas durable, mais nous détruisons à une vitesse sidérante notre seule et unique maison, la Terre. Nous figurons d'ailleurs nous-mêmes sur la liste des espèces qui risquent, à terme, de disparaître. Ceci n'est pas une opinion ni une peur irrationnelle. C'est un constat scientifique. Je mesure à quel point il est difficile de prendre conscience et d'accepter cette réalité vertigineuse, car tout autour de nous dit le contraire. Les rayons des supermarchés bien achalandés, la routine du quotidien, la croissance économique qui repart, les marchés financiers au beau fixe, les grands médias et les politiques qui regardent ailleurs. Et pourtant, derrière ce décor rassurant, le monde est en train de basculer. Des fissures se font jour peu à peu dans ce tableau, à l'image de la crise énergétique ou de certaines pénuries, actuelles ou annoncées. Nous, Occidentaux privilégiés, avons vécu dans une société d'abondance qui nous semble être la norme. Mais cela constitue une anomalie à l'échelle de l'humanité, un épiphénomène qui débute avec la révolution industrielle et dont nous sommes en train de vivre l'épilogue. Car cette illusion d'abondance, qui s'appuie sur une destruction du vivant et un pillage des ressources dans d'autres pays du monde, touche aujourd'hui à ses limites.

Limites. Voilà ce dont nous avons parlé tout au long de ce livre. Nous vivons dans un monde fini et ces limites sont partout. Mais nous les avons oubliées, aveuglés par notre confort quotidien et par le sentiment de notre toute-puissance vis-à-vis de la nature. Le problème va bien au-delà du changement climatique. Nous sommes en train de dépasser une à une les limites planétaires. L'enjeu n'est pas simplement d'émettre moins de gaz à effet de serre tout en continuant comme avant. Si nous choisissons cette voie, celle de la croissance verte, nous n'allons pas tarder à manquer d'eau, d'énergie, de métaux, de ressources alimentaires. Nous parlons ici de la survie de millions de personnes, d'une dégradation généralisée des conditions de vie et d'un danger pour la paix et la démocratie. Ouvrons les yeux : une croissance économique infinie dans un monde fini est tout simplement impossible. C'est un conte pour enfants auquel nous avons accepté de croire trop longtemps. La croissance va s'arrêter, que ce soit de manière subie ou choisie. Et nous avons tout intérêt à appuyer dès maintenant sur la pédale de frein pour amortir le choc. Car la bonne nouvelle, comme le dit Dennis Meadows, est qu'«il y a assez de ressources encore disponibles et de technologies sur la planète pour offrir à tous un niveau de vie décent et une société équitable, si nous faisons les changements nécessaires». Les scientifiques me l'ont confirmé tout au long de ce livre : les solutions existent, il suffit de s'en saisir. Il est nécessaire de rebâtir nos sociétés à partir du monde réel et de ses limites physiques. Des limites qui nous imposent un mode de vie sobre et économe. Il n'est bien sûr pas question que ceux qui ont déjà trop peu se serrent la ceinture. C'est aux plus aisés d'entre nous de modifier leur mode de vie. Et pour y parvenir, les petits gestes individuels ne suffiront pas. Un nouveau cadre doit être donné par des politiques publiques ambitieuses, seules capables de transformer nos sociétés à l'échelle qui s'impose.

Nous devons aussi éviter de tomber dans le piège des solutions simplistes. Car comme le montrent ces entretiens, les enjeux sont connectés entre eux. Agriculture, accès à l'eau, biodiversité, énergie, climat, etc. Les liens de cause à effet entre ces différentes problématiques sont multiples et complexes, bien plus qu'il n'y paraît au premier abord. Nous avons besoin d'une vision globale, systémique, qui prenne en compte l'ensemble des limites planétaires. Il est nécessaire de passer à l'action dès aujourd'hui. Sans attendre, comme je l'entends parfois, l'hypothétique sursaut de la prochaine génération. Au-delà de l'incroyable inconséquence de laisser ce fardeau à nos enfants, nous n'avons factuellement pas le temps d'attendre. Nous avons trop tiré sur la corde, et celle-ci est sur le point de rompre. Comme le dit si justement le chercheur Philippe Cury, nous habitons une fine couche de

50 kilomètres d'épaisseur, 50 petits kilomètres où s'épanouissent les seules formes de vie que nous connaissons dans l'univers. L'enjeu n'est pas, bien sûr, d'envoyer quelques milliardaires sur Mars ni de coloniser une hypothétique planète B. L'enjeu est de préserver notre seule et unique planète, la Terre. Personnellement, j'ai une furieuse envie de participer à cette aventure collective, celle d'une humanité qui se retrouve, sans l'avoir voulu, au cœur d'un tournant décisif de son histoire. Au-delà de nos petits gestes quotidiens, les possibilités d'agir sont nombreuses : voter, s'engager en politique ou dans une association, lutter contre un projet écocide à côté de chez soi, faire évoluer son entreprise, changer de métier... À nous de relever ce défi.

REMERCIEMENTS

À Dennis Meadows dont la ténacité et la sagesse m'inspirent.

Aux expertes et experts qui m'ont accordé leur temps précieux et partagé leur savoir.

À Emma, pour sa confiance indéfectible, son talent et son engagement dans un projet qui aura vu naître notre amitié.

À la formidable équipe de Saga Sounds, pour avoir pris le risque de produire le podcast *Dernières Limites* sans savoir si nous aurions un financement.

À Prune, Eloïse, Clothilde et Caroline dont le soutien bénévole et l'enthousiasme ont permis de faire connaître ce projet.

À Chloé qui nous a offert la puissante illustration ornant la couverture de ce livre.

À Thomas et Léa, pour leur compétence, leur bienveillance et leur désir de publier cet ouvrage.

À ma famille et à mon compagnon Laurent, sans qui rien n'aurait été possible.

À celles et ceux qui se mobilisent chaque jour pour que l'humanité ne dépasse pas les limites.

TABLE

Ce livre est aussi un podcast produit par :

saga sounds

Conception graphique et mise en pages
Thierry Sestier

Relecture
Cyril Léclaircie et Maryvonne Corrigou

Édition
Thomas Bout

PEFC 10-31-1510 / Certifié PEFC

IMPRIM'VERT®

N° d'impression : 22100481
Imprimé en France sur les presses de l'imprimerie Corlet à Condé-en-Normandie, France,
en février 2023